TopoGuides®

Le Calvados...
à pied®

45 PROMENADES & RANDONNÉES

PR®

AVEC L'APPUI TECHNIQUE DU COMITÉ DÉPARTEMENTAL DE LA RANDONNÉE PÉDESTRE DU CALVADOS ET DE SES BÉNÉVOLES

W0334286

Calvados
LE DÉPARTEMENT

communauté de communes Val ès dunes
l'avenir passionnément

Éditions FFRandonnée
www.ffrandonnee.fr

Bien préparer sa randonnée

COTATION DES ITINÉRAIRES DE RANDONNÉE

Le système de cotation de la FFRandonnée est un outil d'information et d'aide à la décision, permettant au randonneur de choisir des randonnées adaptées à ses capacités.

Il repose sur trois critères : effort, technicité, risque. Leur conjugaison permet d'exprimer la réelle difficulté de chaque randonnée pédestre.

À cela s'ajoutent d'autres facteurs qui sont : la condition physique du participant, le poids du sac, la nature du sol, le niveau du groupe, la durée (en terme de répétition sur plusieurs jours), les conditions météorologiques.

La cotation s'entend hors manteau neigeux dans des conditions optimales.

EFFORT

5 niveaux d'effort physique sont déterminés par calcul de l'indice IBP (système d'évaluation automatique de la difficulté d'un itinéraire).

- **1- Facile** : sans difficulté physique particulière. Ce niveau correspond aux balades et aux promenades.
- **2 - Assez facile** : peu de difficulté physique. Ce niveau correspond aux promenades et à de petites randonnées.
- **3 - Peu difficile** : un certain engagement physique qui reste toutefois mesuré. Ce niveau correspond à des randonnées pédestres modérées.
- **4 - Assez difficile** : des difficultés nécessitent un engagement physique certain. Ce niveau correspond à des randonnées pédestres plus soutenues.
- **5 - Difficile** : des difficultés nécessitent un engagement physique important. Ce niveau correspond à des randonnées pédestres très soutenues.

TECHNICITÉ

C'est la présence ou non d'obstacles plus ou moins importants.

- **1- Facile** : parcours ne présentant aucun ou quasiment aucun obstacle particulier, ni aucune ou quasiment aucune difficulté de progression (ex : parcours urbain). La pose du pied s'effectue à plat, en tout endroit du support.
- **2 - Assez facile** : des obstacles d'une taille inférieure ou égale à la hauteur de la cheville. La pose du pied s'effectue en recherchant des zones « à plat », ou « confortables » du support, assez facilement repérables.
- **3 - Peu difficile** : au moins un obstacle d'une taille inférieure ou égale à la hauteur du genou. La pose du pied s'adapte à l'irrégularité du support. Le placement des appuis se fait sur les zones de meilleure adhérence.
- **4 - Assez difficile** : au moins un obstacle d'une taille inférieure ou égale à la hauteur de la hanche. La pose du pied (pointe ou talon) s'adapte à l'irrégularité générale du support. L'utilisation des bâtons est utile à l'équilibre.
- **5 - Difficile** : au moins un obstacle d'une taille supérieure à la hauteur de la hanche. Les franchissements nécessitent l'utilisation des mains. Les passages peuvent ou sont sécurisés par des équipements. Les bâtons peuvent être une gêne à la progression.

RISQUE

C'est le risque d'accidents corporels consécutifs à une chute ou une glissade donc lié à la configuration topographique des lieux.

- **1- Facile** : l'exposition au danger est « mineure ». Exemples : chemin blanc en forêt, voie verte, itinéraires urbains avec aménagements piétonniers, itinéraires ruraux sans accidents de terrain marqués…
- **2 - Assez facile** : l'exposition au danger demeure limitée. Les blessures sont possibles mais mineures (exemples : chemin au relief assez marqué avec présence possible de talus, luxation et entorses possibles en cas de chute…).
- **3 - Peu difficile** : l'exposition au danger est avérée. Exemple : itinéraire vallonné exposant le randonneur sur certains passages à de graves blessures (fractures…).
- **4 - Assez difficile** : l'exposition au danger peut être qualifiée de forte. Les possibilités de blessures graves sont réelles et multiples. Le danger de mort est possible (exemples : itinéraire de randonnée de montagne présentant des passages délicats à fort dévers, pentes raides exposées multiples, présence de barres rocheuses…).
- **5 - Difficile** : l'exposition au danger peut être qualifiée de « maximale ». Le danger de mort est certain en cas de chute (exemples : itinéraire de type alpin avec engagement physique total, falaises, barres rocheuses multiples, itinéraires pouvant être équipés de prises et de mains courantes).

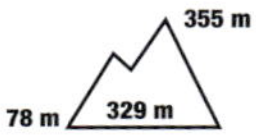

Les dénivelées signalées dans ce guide sont approximatives et peuvent légèrement varier selon l'outil de mesure utilisé.

COMMENT SE RENDRE SUR PLACE ?

En voiture

Tous les points de départ sont en général accessibles par la route. Un parking est situé à proximité du départ de chaque randonnée. Ne laissez pas d'objet apparent dans votre véhicule.

Veillez à ce que votre véhicule ne gêne pas le passage des engins forestiers ou agricoles, même le dimanche. Il est interdit de stationner derrière les barrières de routes forestières.

Par les transports en commun

Attention, certains services sont réduits ou inexistants les week-ends, jours fériés et périodes de congés scolaires.

SNCF > tél. 36 35 (0,34 euro/minute) ou www.voyages-sncf.com

QUAND RANDONNER ?

Avant de partir, toujours s'informer sur le temps prévu :
Météo France : tél. **3250** (0,34 euro/minute) ou
www.meteofrance.com

En période estivale

Les journées longues permettent les grandes randonnées, mais attention au coup de chaleur. Il faut s'astreindre à boire beaucoup : environ 5 à 6 gorgées toutes les 20 minutes, soit au minimum 1,5 L d'eau par personne pour une demi-journée de marche.

En automne-hiver

Pendant la saison de la chasse, de fin septembre à fin février, ne vous écartez pas des chemins balisés, qui sont souvent des chemins ruraux ouverts au public (de chaque côté du chemin, le terrain est propriété privée). Certaines zones sont interdites lorsqu'il y a des battues. En hiver et en période de couvaison, veillez à ne pas déranger la faune sauvage, observez les traces sans vouloir les suivre.

DÉSAGRÉMENTS ET DANGERS

L'orage

Ne pas rester debout sous un arbre ou un rocher, ou près d'une cabane ; s'éloigner des cours d'eau et des pylônes. S'accroupir sur ce qui peut être isolant (sac, corde), tenir les deux pieds bien serrés.

La chaleur excessive

Protégez-vous la tête et le corps, buvez souvent. Dès les premiers signes (maux de tête, nausées), il est indispensable de s'arrêter, de se mettre à l'ombre et de boire frais à petites gorgées.

La baignade

Le danger principal est le choc thermique. Il faut entrer progressivement dans l'eau, et renoncer en cas de sensation anormale (grande fatigue, vertige, bourdonnements d'oreille...).

Marcher le long d'une route

Mieux vaut marcher en colonne le long d'une route. La nuit, chaque colonne empruntant la chaussée doit être signalée à l'avant (feu blanc ou jaune) et à l'arrière (feu rouge).

N° d'urgence
Secours 112
Pompiers 18
Samu 15
Gendarmerie 17

Quelques adresses pour vous aider

COMITÉ DÉPARTEMENTAL DU TOURISME

- **Calvados Attractivité**, 8 rue Renoir, 14054 Caen, cedex 8, 02 31 27 90 30, www.calvados-tourisme.com

OFFICES DE TOURISME (OT)

Pensez à vérifier les dates d'ouverture avant votre venue.

- **Argences**, 1 rue Guéritot, 14370, 02 31 85 38 82, www.otvalesdunes.net
- **Arromanches-les-Bains**, 2 rue Maréchal-Joffre, 14117, 02 31 22 36 45, www.bayeux-bessin-tourisme.com
- **Asnelles,** cale de l'Essex Yeomanry, 14960, 02 31 21 94 02, www.goldbeach-tourisme.fr
- **Bayeux,** 3 rue Saint-Jean, (Pont Saint-Jean) 14400, 02 31 51 28 28, www.bayeux-bessin-tourisme.com
- **Beuvron-en-Auge**, 2 esplanade Woolsery, 14430, 02 31 39 59 14, www.normandie-cabourg-paysdauge-tourisme.fr
- **Cabourg**, jardins de l'Hôtel de ville, 14390, 02 31 06 20 00, www.cabourg.fr
- **Clécy,** place du Tripot, 14570, 02 31 79 70 45, www.suisse-normande-tourisme.com
- **Colleville-sur-Mer**, lotissement Omaha Center, 14710, 02 31 21 46 00, www.isigny-omaha-tourisme.fr
- **Condé-en-Normandie,** 27 avenue de Verdun, 14110, 02 31 69 27 64, www.paysdevire-normandie-tourisme.fr
- **Creully-sur-Seulles,** 12 place Edmond Paillaud, 14480, 02 31 80 67 08, www.goldbeach-tourisme.fr
- **Dives-sur-Mer**, village d'art Guillaume-le-Conquérant, 2 rue d'Hastings, 14160, 02 31 91 24 66, www.normandie-cabourg-paysdauge-tourisme.fr
- **Falaise,** 5 place Guillaume-le-Conquérant, 14700, 02 31 90 17 26, www.falaise-suissenormande.com
- **Grandcamp-Maisy,** 26 quai Crampon, 14450, 02 31 21 46 00, www.isigny-omaha-tourisme.fr
- **Honfleur**, centre historique, quai Lepaulmier, 14600, 02 31 89 23 30, www.ot-honfleur.fr
- **Houlgate**, 10 boulevard des Belges, 14510, 02 31 24 34 79, www.normandie-cabourg-paysdauge-tourisme.fr
- **Isigny-sur-Mer,** 16 rue Émile Demagny, 14230, 02 31 21 46 00, www.isigny-omaha-tourisme.fr
- **Laize-Clinchamps**, 18 rue de la Vallée-de-l'Orne, 14320, 02 31 50 09 72, www.vallees-orne-odon.fr/tourisme-et-loisirs
- **Lisieux**, 11 rue d'Alençon, 14100, 02 31 48 18 10, www.authenticnormandy.fr
- **Longues-sur-Mer,** Site de la Batterie, 14400, 02 31 21 46 87, www.bayeux-bessin-tourisme.com
- **Merville-Franceville-Plage**, 1 avenue de Paris, 14810, 02 31 24 23 57, www.normandie-cabourg-paysdauge-tourisme.fr
- **Pont-l'Évêque**, 16 bis place Jean Bureau, 14310, 02 31 64 12 77, www.terredauge-tourisme.fr
- **Port-en-Bessin-Huppain,** quai Baron-Gérard, 14400, 02 31 22 45 80, www.bayeux-bessin-tourisme.com
- **Thury-Harcourt-Le Hom,** 2 place Saint-Sauveur, 14220, 02 31 79 70 45, www.suisse-normande-tourisme.com
- **Villers-Bocage,** place Charles-de-Gaulle, 14310, 02 31 77 16 14, www.paysdevire-normandie-tourisme.fr
- **Vire-Normandie,** square de la Résistance, 14500, 02 31 66 28 50, www.paysdevire-normandie-tourisme.fr

FÉDÉRATION FRANÇAISE DE LA RANDONNÉE PÉDESTRE

- **Centre d'information de la FFRandonnée,** 64 rue du Dessous-des-Berges, 75013 Paris, 01 44 89 93 93, info@ffrandonnee.fr, wwww.ffrandonnee.fr
- **Comité FFRandonnée Normandie,** Maison des Sports, 5 Rue Guyon de Guercheville, 14120 Herouville-Saint-Clair, 02 79 64 20 58, normandie@ffrandonnee.fr, www.normandie.ffrandonnee.fr
- **Comité FFRandonnée Calvados**, Maison des Sports, 5 Rue Guyon de Guercheville, 14120 Herouville-Saint-Clair, 02 79 64 20 57, calvados@ffrandonnee.fr, www.ffrandonnee14.com

À CHACUN SON RYTHME...

Les enfants jusqu'à environ 7 ans

Sur le dos de ses parents jusqu'à 3 ans, l'enfant peut ensuite marcher, dit-on, un kilomètre par année d'âge. Question rythme, on suppose une progression horaire de 1 à 2 km en moyenne.

De 8 à 12 ans

On peut envisager des sorties de 10 à 15 km. Les enfants marchant bien mieux en groupe, la présence de copains favorisera leur énergie. Si le terrain ne présente pas de danger, ils apprécieront une certaine liberté, en fixant des points de rendez-vous fréquents.
Les adolescents qui sont en pleine croissance ont des besoins alimentaires plus importants que les adultes.

Les seniors

La marche a pour effet la préservation du capital osseux, et fait travailler en douceur l'appareil cardio-vasculaire. Un entretien physique régulier de 30 minutes à 1 heure de marche quotidienne est requis pour envisager de plus longues sorties. Un bilan médical est recommandé.

Où se restaurer et dormir dans la région ?

TROIS TYPES D'APPELLATION

Alimentation > pour un pique-nique : épicerie, boucherie ou traiteur, à la découverte des produits locaux.

Restauration > un café ou un restaurant, pour reprendre son souffle et savourer les spécialités du terroir.

Hébergement > de nombreuses possibilités d'hébergement existent : pour plus d'informations, consulter le comité départemental du tourisme ou les offices de tourisme locaux.

Tableau des ressources

Argences	•	•	•
Arromanches	•	•	•
Asnelles	•	•	•
Aunay-sur-Odon	•	•	•
Bavent		•	•
Balleroy-sur-Drôme	•	•	•
Bellengreville	•	•	•
Blangy-le-Château	•	•	•
Breuil-en-Auge	•	•	
Champ-du-Boult	•	•	•
Clécy	•	•	•
Colleville-sur-Mer		•	•
Creully-sur-Seulles	•	•	•
Épinay-sur-Odon			•
Falaise	•	•	•
Fervaques	•	•	•
Feuguerolles-Bully	•		•
Goupillières		•	
Grandcamp-Maisy	•	•	•
Hamars			•
La Folletière Abenon			
La Pommeraye			•
Landes-sur-Ajon			•
Le Bény-Bocage	•	•	•
Le Torquesne			•
Le Vey			•
Les Îsles-Bardel			•
Longues-sur-Mer	•	•	•
Notre-Dame-de-Courson	•	•	•
Ouilly-du-Houley		•	•
Perrières			•
Pont d'Ouilly	•	•	•
Port-en-Bessin -Huppain	•	•	•
Potigny	•	•	•
Quetteville		•	
Saint-André-d'Hebertot			•
Saint-Germain-de-Tallevende	•	•	•
Saint-Germain-le-Vasson	•	•	
Saint-Manvieu-Bocage		•	•
Saint-Omer			•
Sallenelles		•	•
Subles		•	•
Theil-en-Auge			•
Thury-Harcourt-Le Hom	•	•	•
Tilly-sur-Seulles	•	•	•
Varaville	•	•	•
Vieux		•	•
Villers-Bocage	•	•	•

BIBLIOGRAPHIE

Pour mieux connaître la région

CONNAISSANCE BIBLIOGRAPHIQUE, TOURISTIQUE ET HISTORIQUE DE LA RÉGION

- Labadille C-E, *Montagnes de Normandie,* éd. Corlet
- *Patrimoine des communes du Calvados (2 vol.),* éd. Flohic
- *Patrimoine normand,* revue trimestrielle
- Caumont A. de*, Statistique monumentale du Calvados*
- Torre M. de la, *Calvados, histoire, géographie, nature, arts,* éd. Deslogis-Lacoste

GUIDES TOURISTIQUES DE LA RÉGION

- *Normandie*, coll. Géoguide, éd. Gallimard
- *Normandie*, éd. Lonely Planet
- Guide vert *Normandie-Cotentin, Normandie-Vallée de la Seine*, éd. Hachette
- Guide du routard *Normandie,* éd. Hachette
- *Un grand week-end en Normandie,* éd. Hachette
- *Normandie*, éd. Le Petit Futé

SUR LA RANDONNÉE

en vente sur le site www.ffrandonnee14.com

- *Littoral de la Normandie - De la Côte d'Albâtre aux falaises du Bessin,* éd. FFRandonnée
- *Le Parc naturel régional des Marais du Cotentin et du Bessin... à pied,* éd. FFRandonnée
- *Les châteaux forts du Calvados en 10 balades*, coll. le p'tit topo, éd. Orep
- *Randofiche TSN - Tour de la Suisse Normande,* éd. FFRandonnée Calvados

HÉBERGEMENT

- Mouraret A. et S., *Gîtes d'étape et refuges,* mise à jour permamente sur internet, www.gites-refuges.com
- site www.calvados-tourisme.com, rubrique explorer le Calvados, organiser, hébergements

CARTES DE LA RÉGION

- **CARTES IGN au 1 : 250 000 :** Normandie N° 02
- **CARTES IGN au 1 : 100 000 :** TOP100 N° 106, 107, 116, 117
- **CARTE IGN AU 1 : 150 000** N° D14
- **CARTE MICHELIN** Calvados et Manche **au 1 : 150 000** N° 303
- **CARTE MICHELIN** Normandie **AU 1 : 200 000** N° 513

Suivez les balisages de la FFRandonnée

LES TYPES DE BALISAGE

Type d'itinéraire

Bonne direction

Tourner à gauche

Tourner à droite

Mauvaise direction

1 Grande Randonnée / 2 Grande Randonnée de Pays / 3 Promenade & Randonnée

MARQUAGES DES BALISAGES

Le jalonnement des sentiers consiste en marques de peinture sur les arbres, les rochers, les murs, les poteaux. Leur fréquence est fonction du terrain.

Les baliseurs-collecteurs : savoir-faire et disponibilité

Pour cheminer sereinement, 9 500 bénévoles passionnés s'activent toute l'année, garants d'un réseau de 226 000 kilomètres de sentiers, sélectionnés et aménagés selon des critères de qualité.

PHOTO N. VINCENT

Des sentiers balisés à travers toute la France

LA FFRandonnée AUJOURD'HUI

La Fédération française de la randonnée pédestre, c'est près de 233 000 adhérents, 3 500 associations affiliées, 148 000 km de sentiers balisés GR® et PR, 110 comités régionaux et départementaux, 20 000 bénévoles animateurs et baliseurs, 220 topo-guides, un magazine de randonnée Passion Rando, un site Internet institutionnel : www.ffrandonnee.fr, un site Internet dédié à la Grande Randonnée® : www.monGR.fr, et une application : MaRando.

Passion Rando, le magazine des randonneurs

Passion Rando apporte aux amoureux de la randonnée et d'authenticité toutes les pistes de découverte des régions de France et à l'étranger, les propositions d'itinéraires, d'hébergements et des bonnes adresses.
En valorisant les actions locales d'engagement pour la défense de l'environnement et d'entretien des sentiers, *Passion Rando* porte un message sur le développement durable, la préservation de la nature et du réseau d'itinéraires de randonnée pédestre.
Abonnez-vous sur www.ffrandonnee.fr. Votre magazine est également disponible en kiosque.

PARTEZ ASSURÉ ET RASSURÉ AVEC LE RANDOPASS

Vous randonnez à côté de chez vous ou à l'autre bout du monde, à la journée ou en itinérance sur plusieurs jours, seul, en famille ou entre amis, le RandoPass est fait pour vous !

LES AVANTAGES

- Une **assurance spéciale « randonnée »** extrêmement performante (rapatriement, garanties, couverture, etc.).
- Une **assistance** 24 h/24 et 7j /7 en France comme à l'étranger.
- Des **réductions** auprès des partenaires voyage, équipement et hébergement de la FFRandonnée.
- Des réductions sur la boutique en ligne, offres privilégiées.

Avec le RandoPass

✔ Vous êtes rassuré(e) grâce à votre assurance.
✔ Vous êtes informé(e) des dernières actualités.
✔ Vous bénéficiez des bons plans rando.
✔ Vous soutenez les actions des bénévoles de la FFRandonnée sur le terrain.

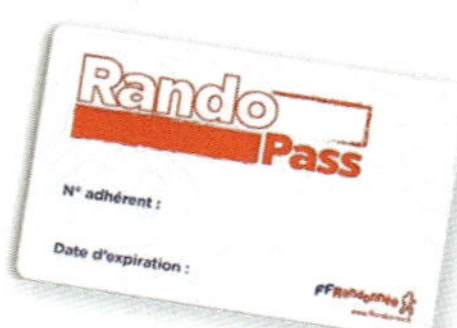

PHOTO D.G.

Le Calvados, une diversité naturelle

Des falaises du Bessin aux rochers de la Suisse normande, des plages du Débarquement aux collines verdoyantes du Pays d'Auge, la diversité naturelle du Calvados en fait une remarquable destination de randonnées. Clins d'œil historiques, produits du terroir, traditions, architecture. Au détour d'un chemin, le marcheur appréciera l'un des plus prestigieux patrimoines départementaux de France.

Près de 5 000 kilomètres de sentiers balisés à faire à pied, à vélo, à cheval ou accompagné d'un âne lui offriront des balades « sur mesure », selon son rythme et ses envies.
Faune, flore et littoral défilent sous ses yeux, avec des panoramas exceptionnels et préservés.

Cette nouvelle édition du « Calvados à pied », réalisée par la Fédération française de randonnée pédestre avec le soutien du Conseil départemental du Calvados, propose une sélection incontournable, comme un avant-goût de ce territoire tellement riche en découvertes.

Jean-Léonce DUPONT
Président du Conseil départemental du Calvados

PHOTO F.G.

Calvados
LE DÉPARTEMENT

Découvrir
le Calvados

De gauche à droite : DISTILLERIE DU CHÂTEAU DU BREUIL / PHOTO CALVADOS ATTRACTIVITÉ ; ABBAYE AUX HOMMES, CAEN / PHOTO M.H. ; PORTE DES CORDELIERS, FALAISE ; VIEILLES HALLES DE DIVES-SUR-MER / PHOTOS J.-F.S.

On ne présente pas le Calvados ! Calvados ! Son titre de gloire est un alcool* très renommé, mais le randonneur curieux s'intéressera à bien d'autres aspects de cette riche région.

Le nom Calvados, terme inventé à la Révolution, évoque tant de sites historiques, tant de monuments, tant de beaux villages et de belles villes, tant de paysages maritimes, tant de productions agricoles célèbres et enviées… qu'il survivra à la disparition de ses limites traditionnelles.

C'est sur cette terre de convoitises que les vikings ont jeté l'ancre, ces envahisseurs ont aimé, adopté et façonné notre future Normandie. Ils l'ont préférée au pays de leurs pères, apportant ainsi la preuve de la richesse de cette contrée.

La Normandie et particulièrement le Calvados auraient subi moins d'invasions, ses habitants auraient moins souffert dans leur chair, moins mouillé leurs terres de larmes et de sang, si ce pays ne présentait autant de richesses et d'objets de convoitise.

* à consommer avec modération

LA CHAPELLE DE GRÂCE À HONFLEUR / PHOTO J.-F.S.

Le Calvados, **terre d'écrivains et d'artistes**

Moins de vocations littéraires seraient nées ici, s'il ne s'en dégageait un charme rare, une tonalité apaisée qui donne envie de poser ses bagages, d'arrêter le voyage. Relisez Flaubert, Maupassant, Hugo, François de Malherbe, Octave Mirbeau, Michelet, La Varende, André Maurois, Simone de Beauvoir, Prévert et bien d'autres…

L'AMIRAL DUMONT-D'URVILLE NATIF DE CONDÉ-SUR-NOIREAU / PHOTO F.G.

STATUE DE MALHERBE À CAEN / PHOTO F.G.

Moins de peintres célèbres y auraient posé leur chevalet, s'ils n'y avaient trouvé des ciels « normands », pommelés et changeants : Millet, Monet, Pissarro, Caillebotte, Signac, Dufy, Renoir, Boudin,… Le Calvados, comme les autres départements normands, ont multiplié les expositions relatives à l'impressionnisme ces dernières années, attirant de nombreux touristes chaque été.
Marcher dans nos chemins creux bordés de haies de noisetiers et de frênes, fouler l'herbe de nos landes, grimper nos vertes collines, peuvent combler nos loisirs quand les journées sont longues et que les jambes n'acceptent plus les fourmis. Pour les jours plus courts, une randonnée en ville ou la visite d'un village apportera son lot de satisfactions.
Le Calvados est aussi riche dans ce domaine qu'il est varié dans ses paysages naturels.
C'est à toutes ces découvertes que vous êtes conviés.

La Côte Fleurie, façade du Pays d'Auge

À Honfleur, le Parc des personnalités permet de découvrir les célébrités nées ou ayant vécu ici ; peu de cités ont été une telle pépinière de talents et de cerveaux.
À Trouville comme à Houlgate, on peut découvrir l'Art Déco, en contemplant les villas au long des rues de ces cités balnéaires au relief affirmé.
Quand le vent nous chasse de la côte, découvrons le Pays d'Auge entre les haies

PONT-L'ÉVÊQUE / PHOTO J.-F.S.

BEUVRON-EN-AUGE / PHOTO J.-F.S.

et les maisons à colombages, de Pont-l'Évêque où l'on retrouve l'âme de Flaubert et ses « Trois contes », à Orbec qui inspira quelques mélodies à Debussy, ou encore à Beuvron-en-Auge, fière d'être l'un des « plus beaux villages de France ».

HONFLEUR, LE VIEUX BASSIN / PHOTO J.-F.S.

La **Côte de Nacre et du Bessin**

Le célèbre air iodé de la Côte de Nacre, dû à la quantité d'algues que les coups de chien arrachent aux rochers du Calvados et déposent sur les grèves en laisses de mer odorantes, permet de rentrer à la nuit tombante, fourbu de sa randonnée, mais avec l'impression d'avoir gagné une forme physique d'enfer pour repartir le lendemain.
Au long de cette côte, moins brillante que la Côte Fleurie, mais si attachante avec ses maisons de calcaire doré bien léchées et fleuries, se découvrent des fermes aux cours cernées de murs construits pour protéger leurs occupants du vent du nord.

PORT-EN-BESSIN / PHOTO J.-F.S.

OMAHA BEACH, PLAGE DE COLLEVILLE-SUR-MER / PHOTO D.G.

Lieux de mémoire

Que de lieux de cette contrée sont devenus des lieux de mémoire : Omaha Beach, Gold, Juno, Sword, plages historiques où des jeunes gars du Kent, du Québec ou de l'Ohio, qui s'appelaient Ryan ou Chapdelaine, ont versé leur sang pour que le monde sorte du cauchemar du nazisme. Vingt ans ont été nécessaires pour panser les plaies ouvertes du Bessin, comme celles du Bocage ou de la plaine de Caen.

Le Bocage, toit de la Normandie

On ne regrettera pas non plus de parcourir, plus au sud, notre Bocage. À Clécy, comme à Thury-Harcourt près des sommets du département, on y découvrira des lieux où se pratiquent des sports souvent réservés aux régions de montagne : escalade, canoë-kayak, saut à l'élastique, parapente. Ici, chaque randonnée nécessite de souffler pour gravir des pentes qui ont donné le surnom de Suisse normande à cette partie du Calvados, mais nous récompense par les lointaines vues de chaque sommet.

LE BOCAGE VIROIS / PHOTO D.G.

Des **villes au riche passé**

Les villes traversées : Caen, Lisieux, Falaise, Bayeux et Vire, ont conservé des rues témoins des ors et magnificences de leur riche passé, souvent lié aux ducs de Normandie et à Guillaume le Conquérant. Abbayes, châteaux, hôtels particuliers, cathédrales et églises plus modestes ponctuent les randonnées.

Pays de gastronomie

POMMES, CIDRE ET TRADITIONS / PHOTO CALVADOS ATTRACTIVITÉ

Enfin, lorsque les jambes lourdes et l'estomac léger incitent à pénétrer dans une de nos accueillantes auberges, il faut goûter le Calvados au travers de ses multiples spécialités culinaires.

Les herbages si nombreux des prairies toujours vertes du Bocage, du Pays d'Auge, des marais de la Dives ou du Bessin engraissent des bêtes qui donnent une viande recherchée.

Qui ne connaît le pont-l'evêque, le livarot et le camembert ? À ces célèbres fromages s'ajoutent les produits issus de l'activité laitière : yaourts, fromages blancs, confiture de lait, crème fraîche. Isigny et le Pays d'Auge sont universellement reconnus comme des références de la qualité laitière.

LA FALUE / PHOTO J.-F.S.

Les richesses de la table se retrouvent sur les quais de nos ports de pêche : Grandcamp, Port-en-Bessin, Courseulles, Ouistreham, Dives, Trouville et Honfleur. Poissons et crustacés abondent. Les huîtres, les moules et bulots sont appréciés, la coquille Saint-Jacques de nos côtes est la seule de France à présenter un label rouge.

Cidres, poirés et calvados mondialement réputés apportent chaque année de nombreuses médailles aux concours agricoles et perpétuent la renommée de notre département.

… Alors n'hésitez plus, sautez dans vos chaussures et en route sur les sentiers du Calvados !

LA TEURGOULE / PHOTO J.-F.S.

PATRIMOINE
Le lavoir de Fourneville

Alimenté par la source de l'Orange, le lavoir construit au XVIIIe siècle constituait une ressource en eau pour les habitants de Fourneville jusqu'à l'arrivée de l'eau courante dans les foyers. Son architecture en forme de bateau pourrait s'expliquer par sa proximité avec l'ancienne voie romaine utilisée pour transporter les moules de Villerville à Pont-Audemer en passant par le poste militaire de Catillon.

Lavoir de Fourneville / Photo F.D.

La **campagne** gravée

Du Theil-en-Auge, parcourez le bocage et les bois de la vallée de l'Orange et de ses affluents. Profitez du printemps : les nombreux vergers de pommiers et de poiriers seront en fleurs !

1 Du parking face à la mairie, sortir à gauche et prendre à gauche le chemin de la Forêt sur 900 m. Dépasser le haras et longer le bois.

2 À l'orée, tourner à droite. Le sentier vire à gauche puis à droite. Suivre le chemin à droite puis le chemin (route) Sainte-Marie à gauche [> site archéologique]. Il devient chemin, tourne à droite en lisière puis à gauche. À la ferme du Foyer, prendre le chemin à droite.

3 Longer la D 119 à gauche sur 25 m, la traverser et emprunter le chemin (rue) des Grosses-Pierres. Au bout, poursuivre à droite par le chemin qui, plus loin, descend vers le Quartier-de-l'Église [> lavoir à gauche]. Prendre la route à droite sur 200 m et, dans le virage, le chemin du milieu à gauche. Bifurquer deux fois à droite et, en haut, parcourir la route à gauche. Contourner la ferme des Parquets par la droite. Après 100 m, s'engager sur le chemin à gauche. Il descend dans le bois.

4 En bas, prendre le chemin à droite et continuer à gauche. Emprunter la D 277 à gauche et, juste avant le pont, le chemin du Gué à droite. Franchir la passerelle. Suivre la route à gauche sur 50 m et monter par le chemin à droite.

5 À la croisée, tourner à droite. Monter par la route à gauche puis par la rue du Commerce. Avant le centre de Genneville, obliquer à droite en épingle chemin du Lagunage. Descendre par le chemin à gauche. Avant le croisement, remonter par le sentier à gauche. Redescendre par la route à droite.

6 Au carrefour, prendre le chemin de la Vieille-Rivière à gauche. Bifurquer à gauche. La route monte et devient chemin. En haut, suivre à droite le chemin du Lieu-du-Val. Après le virage à gauche, s'engager sur le chemin à droite.

7 Au croisement, descendre par le chemin à droite (**⚠ > silex au sol !)** puis remonter à droite. Avant la route, prendre le chemin à gauche. Au bout, tourner à gauche et, après 70 m, à droite. Suivre la route à droite sur 200 m.

8 Dans le virage, obliquer sur le chemin à gauche. Prendre la D 277 à gauche puis la D 119 à gauche jusqu'au parking.

1

3h30
13km

S SITUATION
Le Theil-en-Auge, à 30 km au nord de Lisieux par les D 579, D 675, D 17, D 140 et D 119

P PARKING
mairie

DÉNIVELÉE
altitude mini et maxi, dénivelée cumulée à la montée

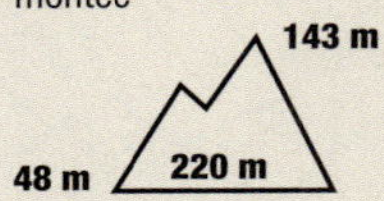

B BALISAGE
jaune

! DIFFICULTÉ !
- traversée de la D 119 en **1** et **3**
- chemin boueux entre **2** et **3**
- marche sur silex après **7**

À DÉCOUVRIR...

> En chemin
- vestiges d'un ancien fort gallo-romain le « Câtillon » • lavoir de Fourneville • Genneville : église XIIIe-XIVe-XVIe, maisons anciennes en face de l'église

> Dans la région
- Pont-l'Évêque : quartier ancien, église Saint-Michel, ancien couvent • Honfleur : site, port, maisons anciennes, églises, musée Eugène-Boudin, chapelle Notre-Dame-de-Grâce (panorama sur l'estuaire de la Seine) • Trouville : bord de mer, port de pêche, casino, halle aux poissons

PATRIMOINE

L'ÉGLISE SAINT-LAURENT ET LA FONTAINE MIRACULEUSE

Dédiée à saint Laurent, l'église de Quetteville érigée en pierres de grandes tailles date de la fin du XIe siècle. Laurent de Rome (210-258) est considéré comme le premier des sept diacres attachés au service de l'Église romaine. Il fut condamné par le préfet de Rome pour avoir distribué les revenus du trésor aux pauvres. Un tableau au-dessus du maître-autel représente le martyre de saint Laurent.

Aussi placée sous le patronage de saint Laurent, une source coule à proximité de l'église. Un lavoir a été installé dans le prolongement de la fontaine dont les eaux auraient la vertu de guérir l'eczéma et les maladies de peau. Chaque année en août, la commune rend hommage à Saint-Laurent, son saint patron.

PAYS D'AUGE / PHOTO G.P.

La vallée de la Morelle

Venez découvrir les sources et la haute vallée de la Morelle. À Quetteville, ne manquez pas l'église à l'aller et le lavoir au retour ; ses eaux auraient des vertus dermatologiques.

Rameau de frêne / Dessin P.R.

1 Du parking de la mairie, gravir la petite route qui mène à l'église, puis monter le long du cimetière et franchir le portail du haut. Suivre la rue à gauche. Emprunter la D 140a à gauche sur 50 m.

2 Prendre à droite le chemin de Beaumoussel sur 100 m et, dans le virage, le chemin à gauche. Au bout, emprunter la route à droite puis, à la croisée, continuer tout droit par le chemin du Gros-Caillou. Il descend vers la vallée. Suivre la D 675 à gauche (⚠ **> prudence !**) passer sous le pont de l'ancienne voie ferrée et, juste après, s'engager sur le chemin à gauche. Il franchit la Morelle et longe la vallée.

3 Emprunter la D 109 à gauche et, avant le pont de la voie ferrée, la D 283 à droite (⚠ **> prudence !**). Après 1 km, elle vire à gauche sous le pont.

4 S'engager à droite sur le chemin ombragé. Il longe la voie ferrée puis s'en écarte. Prendre à droite le chemin des Gruaux et passer sous un pont. Juste après, tourner à gauche et continuer tout droit le long de la vallée.

5 Prendre la route à gauche, passer sous le pont, puis monter par le chemin à gauche. Continuer tout droit par la route. Après 200 m, elle tourne à droite. Après le virage à gauche, emprunter la route à droite. Négliger la route en épingle à droite et poursuivre sur 25 m.

6 Emprunter le chemin à gauche sur 700 m, le chemin à droite et la D 283 à droite. Dépasser le hangar et s'engager sur le chemin à gauche. Obliquer sur le chemin à gauche. Poursuivre tout droit par la route sur 50 m puis par le chemin. Prendre la route à gauche et regagner Quetteville.

Vaches normandes / Photo F.G.

2

3h
11km

S SITUATION
Quetteville, à 15 km au sud d'Honfleur par les D 580, D 22, D 104 et D 283

P PARKING
mairie

DÉNIVELÉE
altitude mini et maxi, dénivelée cumulée à la montée

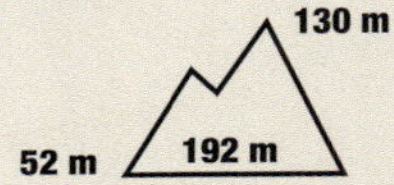

B BALISAGE
jaune

À DÉCOUVRIR...

> En chemin
- Quetteville : église Saint-Laurent, fontaine miraculeuse, étangs de la Roche-Fontaine

> Dans la région
- Pont-l'Évêque : quartier ancien, église Saint-Michel, ancien couvent
- Honfleur : site, port, maisons anciennes, églises Saint-Léonard et Sainte-Catherine, musée Eugène-Boudin, chapelle Notre-Dame-de-Grâce (panorama sur l'estuaire de la Seine)
- Trouville : bord de mer, port de pêche, casino, halle aux poissons
- forêt de Saint-Gatien (la plus grande forêt du Calvados)

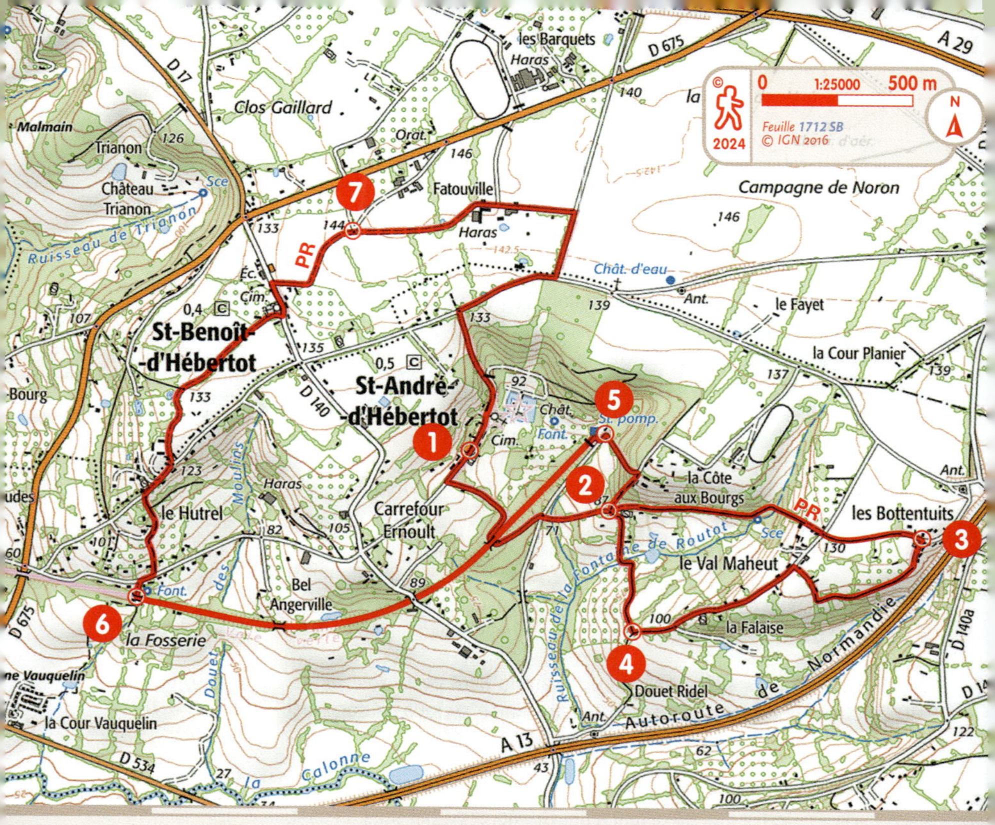

PATRIMOINE
LE CHÂTEAU D'HÉBERTOT

Construit aux XVIIe et XVIIIe siècle, le château, entouré de belles douves alimentées par un petit cours d'eau, se situe à l'emplacement d'un ancien manoir appartenant aux ducs de Normandie. Érigé dans un vaste enclos peuplé d'arbres, il semble protégé au nord par un bois de sapins plantés sur la pente de la colline.

Au cours de la Seconde Guerre mondiale, le château fut le siège d'un état-major de l'armée allemande et reçut la visite du maréchal Göring. Après le Débarquement du 06 juin 1944, il fut transformé en hôpital de campagne.

ÉGLISE DE SAINT-ANDRÉ D'HÉBERTOT / PHOTO F.D.

Autour du **château** d'**Hébertot**

En parcourant la campagne vallonnée, vous découvrirez le majestueux château de Saint-André ainsi que la maison natale de Nicolas Vauquelin, chimiste à l'origine de la découverte de nombreux alliages.

1 Du parking de la mairie, prendre la rue à droite, puis la route Nicolas-Vauquelin à gauche.

Passer sous le pont de l'ancienne voie ferrée, traverser le carrefour et emprunter en face la voie sans issue.

CHAUVE-SOURIS (PETIT MURIN) / DESSIN P.R.

2 À la croisée, poursuivre tout droit sur 700 m sur la route qui devient chemin et franchir le vallon. Traverser la petite route et continuer en face.

3 Aux Bottentuits, prendre le chemin entre maison et hangar à droite. Il domine l'A 13. Rester à droite et gagner le Val-Maheut. Emprunter la route à gauche sur 450 m et, dans l'épingle, le chemin creux à droite sur 150 m.

4 Laisser le chemin herbeux à gauche, continuer à droite, franchir le vallon et passer devant la maison de Nicolas Vauquelin. Retrouver la croisée de l'aller.

2 Monter par le chemin en face et descendre à gauche par la route.

5 En bas, prendre la route de la Gare à gauche sur 30 m, partir à droite et suivre la voie verte sur 1,8 km.

6 À l'ancienne maison de garde-barrière, monter par la route à droite, tourner à droite et gravir le sentier dans la haie à gauche. Prendre la route à droite, puis le chemin des Bruyères à gauche. À l'église d'Hébertot, emprunter la D 140 à gauche puis la route à droite.

7 À l'intersection, continuer par le chemin à droite. Il passe à gauche du haras. Au T, prendre la route à droite et, au suivant, encore à droite sur 350 m. Descendre à gauche par la route du Bourg (C 3), dépasser la grille du château, l'église et rejoindre la mairie.

3h
9,5km

S SITUATION
Saint-André-d'Hébertot, à 8 km à l'est de Pont-l'Évêque par la D 675

P PARKING
mairie

/ DÉNIVELÉE
altitude mini et maxi, dénivelée cumulée à la montée

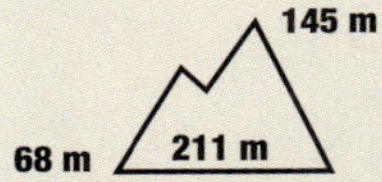

B BALISAGE
jaune

À DÉCOUVRIR...

> En chemin
- maison natale de Nicolas Vauquelin
- ancienne voie ferrée
- Saint-Benoît-d'Hébertot : église
- Saint-André-d'Hébertot : château, église, tombe de Nicolas Vauquelin
- château Mac Cartan
- motte féodale de la Falaise

> Dans la région
- Pont-l'Évêque : quartier ancien, église Saint-Michel, ancien couvent
- Honfleur : site, port, maisons anciennes, églises Saint-Léonard et Sainte-Catherine, musée Eugène-Boudin, chapelle Notre-Dame-de-Grâce.
- Trouville : bord de mer, port de pêche, casino, halle aux poissons
- Parc des Safaris (CERZA)

PATRIMOINE

Blangy au fil de l'eau

Pour Blangy-le-Château, située à la confluence de deux rivières, le Chaussey et le Douet-Hébert, l'eau est un élément important du paysage. La rue principale se distingue par ses maisons typiques du Pays d'Auge construites en briques et pans de bois. Le long de cette artère, un fil d'eau relie les deux fontaines du bourg et rappelle qu'au Moyen-Age, le château était entouré de douves. Une aire de pique-nique est située près du lavoir présentant un bassin rectangulaire avec une margelle inclinée en pierre. La visite du site du moulin à blé de Blangy qui utilise le courant de la rivière du Chaussey est à ne pas manquer.

Lavoir de Blangy-le-Château / Photo F.D.

Entre la **Touques** et le **Chaussey**

De Blangy-le-Château, une courte montée conduit sur le plateau délimité par la Chaussey et la Touques. Par les chemins à travers le bocage, vous découvrirez les paysages typiques du Pays d'Auge.

1 Face à l'office de tourisme, prendre à droite le chemin des Fontaines, dépasser le lavoir puis la station de pompage. Laisser le chemin à gauche et poursuivre la montée par le chemin qui traverse le bois de Bruyère-au-Cher. À l'orée, le chemin devient revêtu.

2 Prendre la route à gauche et, aux Quatre-Chemins, la route à droite. Au bout, poursuivre par le chemin herbeux en face sur 500 m. Au T, tourner à droite, couper la D 98 et continuer par le chemin. Emprunter la route à gauche sur 250 m.

3 Au carrefour du Bois-Bertrand, traverser la route, entrer en face dans le bois et continuer par le chemin qui part à droite.

4 Au bout, monter par le chemin à droite et prendre la route à gauche sur 200 m.

5 À la fourche, rester à droite sur 20 m, puis s'engager à droite sur le chemin. Laisser le chemin à gauche et, 50 m après, descendre par le chemin à gauche. Il franchit le talweg puis remonte.

6 En haut, continuer par la route à gauche. Elle devient chemin et traverse le bois de Blangy avant d'entamer la descente. Descendre par le chemin à gauche, dépasser l'école et longer la D 51 à droite. Tout droit, regagner le centre du bourg.

SUR LES HAUTEURS DE BLANGY-LE-CHÂTEAU / PHOTO F.D.

4

2h
7,2km

S SITUATION
Blangy-le-Château, à 10 km au sud-est de Pont-l'Évêque par les D 579, D 286 et D 140

P PARKING
office de tourisme

/ DÉNIVELÉE
altitude mini et maxi, dénivelée cumulée à la montée

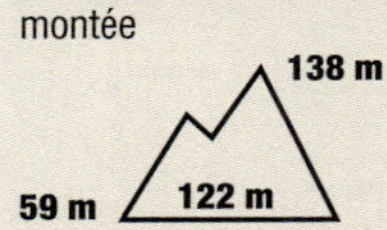

B BALISAGE
jaune

À DÉCOUVRIR...

> En chemin
- Blangy-le-Château (classé « Cité de Caractère ») : village typique du Pays d'Auge, motte féodale du château, église, lavoir communal

> Dans la région
- Pont-l'Évêque : quartier ancien, église Saint-Michel, ancien couvent
- Honfleur : site, port, maisons anciennes, églises Saint-Léonard et Sainte-Catherine, musée Eugène-Boudin, chapelle Notre-Dame-de-Grâce (panorama sur l'estuaire de la Seine)
- Lisieux : cathédrale, basilique Sainte-Thérèse (pèlerinage), les Buissonnets (maison de sainte Thérèse), maisons anciennes, musée du Vieux Lisieux, vestiges gallo-romains

ENVIRONNEMENT

La vallée de la Touques

Véritable colonne vertébrale du Pays d'Auge, la Touques prend sa source dans l'Orne et se jette dans la Manche entre Trouville et Deauville. Grâce à un programme d'entretien et de restauration, elle est considérée comme l'une des meilleures rivières de France pour la remontée de poissons migrateurs tels que la truite de mer et l'anguille. La présence de ces poissons constitue un bon indicateur de la qualité des eaux de la Touques.

Les milieux humides de la vallée, ses coteaux calcaires et ses bois présentent une grande richesse écologique.

Le Breuil-en-Auge / Photo F.D.

Autour du **Douet** du **Mieux**

5

Le Douet du Mieux - affluent de la Touques - a façonné les paysages vallonnés que ce circuit vous invite à parcourir. Le lieu est renommé pour la production de cidre et de calvados !

1 Au rond-point face à la mairie, prendre la D 264A.

2 Laisser en face la D 263A et continuer à gauche sur 700 m. Prendre à gauche le chemin (route) du Chiquet. À hauteur du portail, poursuivre par le chemin. Il monte sur le coteau. En haut, tourner à gauche.

3 Gravir la D 264 à droite sur 80 m, puis s'engager sur le chemin à gauche. Il descend en bordure du bois puis à gauche. Prendre la route à droite. Négliger la route à gauche et poursuivre chemin de l'Église. Au croisement [👁 > tout droit, église Saint-Désir à 150 m], tourner à droite chemin Martine et monter dans la forêt. Au T, emprunter le chemin à droite.

4 Traverser la D 264 et continuer par la route qui devient chemin herbeux. Prendre la route à gauche. Descendre par le chemin à droite dans le bois.

5 Ignorer le chemin à droite. À la source, remonter à gauche sur 150 m.

6 Prendre le chemin à droite. Rester à droite.

7 Au Bois-Bertrand, suivre la route à droite sur 20 m, puis le chemin à droite sur 600 m en bordure du plateau. Bifurquer à droite et descendre par le sentier en lisière du bois. Emprunter la D 98 à droite et, après le carrefour, le large chemin à droite en bordure du bois. Au bout, prendre la route à droite.

8 Négliger le chemin à gauche et continuer par le chemin goudronné. À la dernière maison, poursuivre par le chemin. Il traverse le bois du Mieux puis descend.

9 Obliquer en épingle sur le chemin à gauche, tourner à droite et descendre par la D 263A à droite. Elle mène au carrefour de l'aller.

2 Tout droit, regagner la mairie.

LE BREUIL-EN-AUGE / PHOTO F.D.

3h30
12,3km

S SITUATION
Le Breuil-en-Auge, à 10 km au sud de Pont-l'Évêque par les D 579 et D 579A

P PARKING
mairie ou D 579a (rue principale)

DÉNIVELÉE
altitude mini et maxi, dénivelée cumulée à la montée

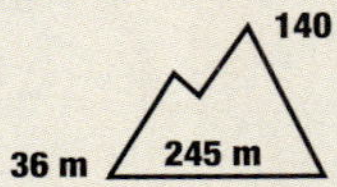

B BALISAGE
jaune

À DÉCOUVRIR...

> En chemin
- vallée de la Touques
- Fierville-les-Parcs : église Saint-Désir
- bois des Parcs-Fontaines

> Dans la région
- Le Breuil-en-Auge : château du Breuil
- Pont-l'Évêque : quartier ancien, église Saint-Michel, ancien couvent
- Honfleur : site, port, maisons anciennes, églises Saint-Léonard et Sainte-Catherine, musée Eugène-Boudin, chapelle Notre-Dame-de-Grâce (panorama sur l'estuaire de la Seine)
- Lisieux : cathédrale, basilique Sainte-Thérèse (pèlerinage), les Buissonnets (maison de sainte Thérèse), maisons anciennes, musée du Vieux Lisieux, vestiges gallo-romains

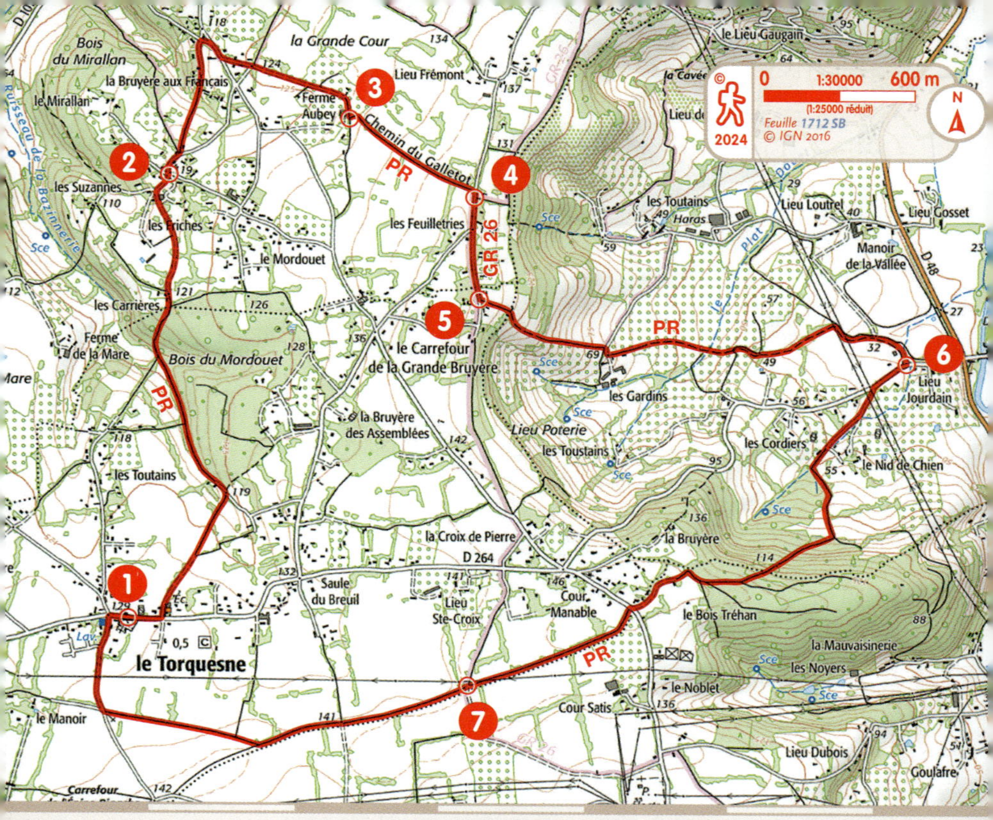

ÉCONOMIE

LES VERGERS À POMMES

L'économie cidricole est l'un des symboles forts de la Normandie. C'est au cours des XIe et XIIe siècles que les vergers situés autour des monastères atteignent leur apogée. Aux XVIIe et XIXe siècles, le développement de l'élevage se fait conjointement à l'arboriculture fruitière. La pâture complantée de pommiers et poiriers s'impose en Normandie. Elle permet aux moutons de manger l'herbe et les fruits véreux tout en bénéficiant de l'ombrage des arbres. Mais dans les années 1950, le déclin s'amorce avec la disparition de nombreux producteurs indépendants entraînant une politique d'arrachage des pommiers

POMMES À CIDRE / PHOTO D.G.

et la transformation des vergers en terres labourées. La production intensive se maintient grâce à la plantation plus dense d'arbres fruitiers basses-tiges, dont la hauteur maximum adulte atteint 4 m environ, aux côtés des vergers de hautes tiges qui assurent la sauvegarde du patrimoine paysager traditionnel.

Au cœur du Bocage

S'il n'est pas certain que le randonneur découvre le « chêne tordu » qui a donné son nom au village, chemins creux, haies et vergers lui offriront un paysage typiquement normand.

1 Du parking en face de l'église, se diriger à gauche par la D 264. Prendre à gauche le chemin de l'École et continuer tout droit. Poursuivre à gauche par le chemin en partie revêtu et entrer dans le bois. Négliger deux chemins à gauche et monter à droite en sous-bois. En haut, aller tout droit par la voie principale.

2 Au carrefour des Friches, poursuivre par la route en face, puis s'engager à gauche sur le chemin herbeux de la Cabine. Il franchit le haut d'une combe. Au croisement, tourner deux fois à droite, puis bifurquer sur le chemin rural (route) n° 50 à gauche. La route se prolonge en chemin.

3 Après le virage à droite, s'engager sur le chemin à gauche. Après 30 m, il vire à droite. Au bout, prendre la route à droite.

4 Négliger le chemin à gauche et continuer par la route puis le chemin de la Croix-de-Pierre sur 300 m.

5 Prendre le chemin à gauche. Il descend en forte pente. En bas, suivre la route d'accès aux Gardins à droite sur 30 m, puis le chemin à gauche. Il franchit le vallon planté de vergers et passe sous une ligne électrique.

6 Emprunter la D 264 à droite, puis le chemin du Nid-de-Chien à gauche. La route se prolonge en chemin creux qui vire à gauche, monte à droite dans le bois et atteint le plateau. À la Cour Manable, traverser la route et continuer par le chemin en face (décalé à droite).

7 À l'intersection près de la ligne électrique, continuer tout droit sur 900 m en négligeant un second croisement, puis bifurquer sur le chemin à droite. Au calvaire, prendre la route à droite et, au carrefour, la D 264 à droite pour rejoindre le parking.

VERGER DU CLOS D'ORVAL / PHOTO J.-F.S.

6

3h30
11km

S SITUATION
Le Torquesne, à 10 km au sud de Pont-l'Évêque par les D 675, D 48 et D 264

P PARKING
église (route de Blangy)

DÉNIVELÉE
altitude mini et maxi, dénivelée cumulée à la montée

33 m – 148 m – 191 m

B BALISAGE
jaune

! DIFFICULTÉ !
- chemins boueux par temps humide

À DÉCOUVRIR...

En chemin
- maisons à colombages
- chemins creux
- calvaire

Dans la région
- Pont-l'Évêque : quartier ancien, église Saint-Michel, ancien couvent
- Honfleur : site, port, maisons anciennes, églises Saint-Léonard et Sainte-Catherine, musée Eugène-Boudin, chapelle Notre-Dame-de-Grâce (panorama sur l'estuaire de la Seine)
- Trouville : bord de mer, port de pêche, casino, halle aux poissons
- Lisieux : cathédrale, basilique Sainte-Thérèse, maisons anciennes, musée du Vieux Lisieux, vestiges gallo-romains

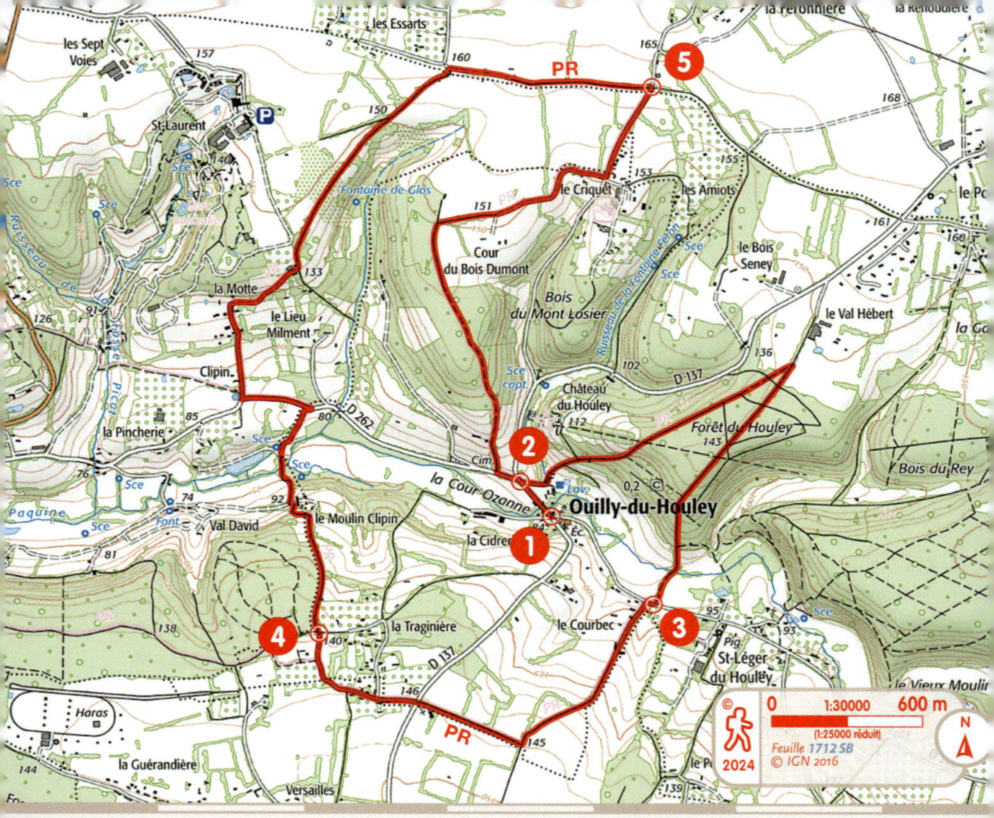

PATRIMOINE

Le château du Houley

Construit sur un éperon rocheux dominant le village d'Ouilly, le château, avec sa forme carrée, est très imposant vu des coteaux voisins. Le premier seigneur d'Ouilly est mentionné en 1180 dans les rôles de l'Échiquier de Normandie, la cour de justice où s'applique le droit normand. Malgré son caractère imprenable, le château tombe aux mains des Anglais pendant la Guerre de Cent ans. Détruit aux trois quarts par des troupes espagnoles en 1592, le château est reconstruit vers 1605. Il devient, au cours du XIXe siècle, une maison de ferme.

Château du Houlley / Photo G.P.

La **forêt** du **Houley**

Par monts et par vaux, ce circuit autour d'Ouilly-du-Houley vous permettra de découvrir la perle de la vallée de la Paquine.

1 Du carrefour devant l'église, suivre la D 137 en direction de Fumichon.

2 Avant la bifurcation, obliquer à droite en épingle sur la petite route. Au bout, prendre le chemin à gauche. Il monte dans la forêt. En haut, à la patte d'oie, virer à droite sur le chemin en angle aigu. Il traverse la forêt puis descend vers la vallée. Franchir la Paquine.

HÊTRE / DESSIN P.R.

3 Prendre la D 262 à droite sur 40 m, puis monter par la route à gauche. Elle devient chemin. En haut, tourner sur le chemin à droite. Couper la D 137 et poursuivre en face chemin (route) de la Traginière. La route se prolonge en chemin.

4 À la croisée, entrer en face dans la forêt. Contourner le Moulin-Clipin par la gauche, puis descendre à droite, franchir la Paquine et remonter à droite. Suivre la D 262 à gauche puis la route à droite. Au bout, continuer par le chemin à droite. À la hauteur des maisons, monter à gauche. En haut, à l'intersection, emprunter le chemin à droite.

5 Prendre la route à droite et, au carrefour, la route à nouveau à droite. Elle devient chemin. À la lisière du bois, tourner à gauche. Après 300 m, le chemin s'enfonce dans la forêt puis descend. En bas, emprunter la D 262 à gauche. Au croisement, continuer à droite.

2 Poursuivre tout droit jusqu'à l'église.

POIRIER EN FLEUR / PHOTO D.G.

7

3h
11km

S SITUATION
Ouilly-du-Houley, à 10 km à l'est de Lisieux par les D 510, D 262 et D 137

P PARKING
église

DÉNIVELÉE
altitude mini et maxi, dénivelée cumulée à la montée

B BALISAGE
jaune

À DÉCOUVRIR...

En chemin
- château du Houley XVIe
- forêt du Houley

Dans la région
- Pont-l'Évêque : quartier ancien, église Saint-Michel, ancien couvent
- Lisieux : cathédrale, basilique Sainte-Thérèse (pèlerinage), les Buissonnets (maison de sainte Thérèse), maisons anciennes, musée du Vieux Lisieux, vestiges gallo-romains
- Parc des Safaris (CERZA)

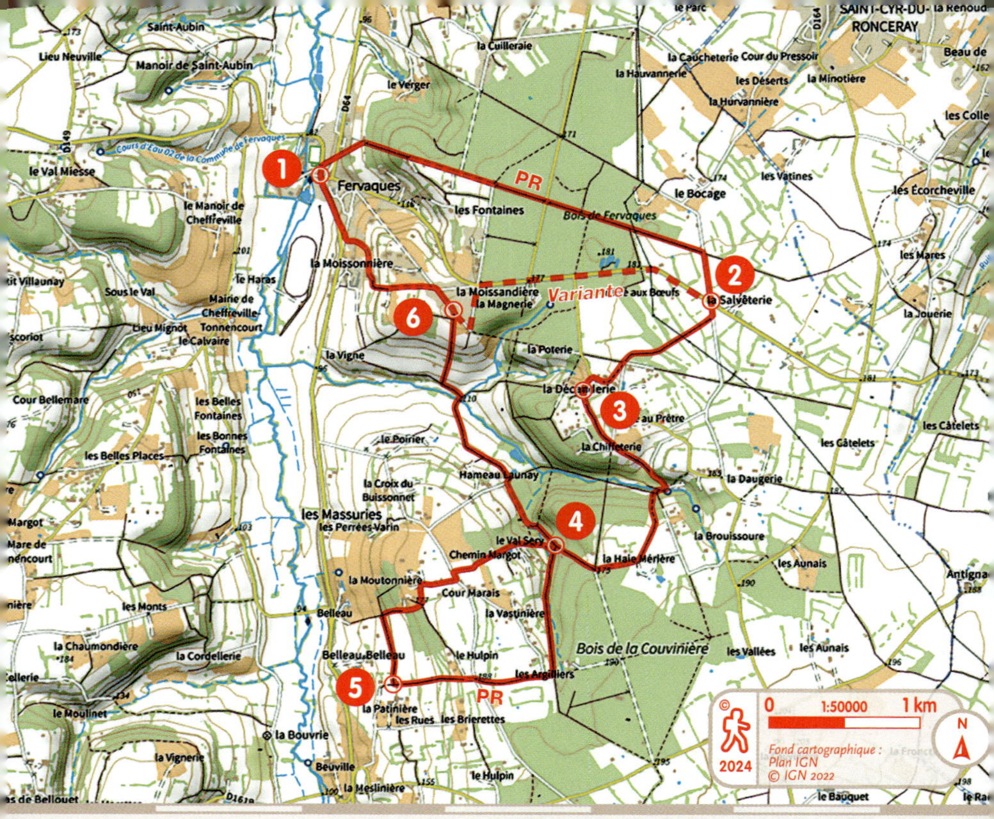

ARTS ET LITTÉRATURE
LA MAISON AUGERONNE

La maison traditionnelle est basse, à colombage, dans un clos de pommiers où paissent des vaches normandes.

La base des habitations est en pierre locale. Posés sur ces pierres et sur des sablières horizontales, des poteaux verticaux et des écharpes obliques constituent le colombage (squelette) de la maison. Le remplissage de l'ossature (hourdis) est souvent en torchis, mélange de paille et de terre argileuse. Parfois, des damiers de tuileaux et de silex décorent les maisons plus cossues. Le tout est coiffé par un toit de chaume planté d'iris. Au XIXe siècle, on délaisse le pan de bois et le chaume pour la brique et la tuile plus économiques.

Ces maisons sont maintenant très recherchées par les néo-ruraux.

VILLAGE DE FERVAQUES / PHOTO M.H.

Fervaques, un patrimoine sauvegardé

Partant du bourg aux maisons bien conservées, faites de bois et de briques, l'itinéraire traverse bois et herbages pour atteindre le site pittoresque La Croupte.

1 De la place de l'église, partir à gauche et monter à droite. Traverser la rue de Lisieux, gravir la route devant la mairie et poursuivre par l'allée qui traverse le bois privé. Couper la D 135 et poursuivre jusqu'à la route, l'emprunter à droite jusqu'au croisement avec la D 47.

2 Traverser la D 47 (**⚠ > prudence !**) puis suivre la route en face sur 90 m puis le chemin à droite. Au croisement de chemins, continuer en face. Emprunter la D 47C à droite sur 70 m, la route à gauche et gagner la Décanderie.

> Variante (boucle de 7 km) : tourner à droite.

3 Prendre le chemin à gauche, couper la route, continuer et franchir le vallon. Monter la route à gauche, emprunter la D 47C à droite et,dans le virage, descendre le sentier à droite. Il longe l'église de La Croupte. Descendre la route à gauche [👁 > source miraculeuse et loques], lavoir et passer le ruisseau. Après le pont, suivre le chemin à droite sur 20 m, puis gravir le sentier à gauche. En haut, parcourir la route à droite, puis descendre en face dans la vallée.

4 Peu avant le fond du vallon, dévaler le sentier à gauche, puis longer tout droit le Douet en franchissant deux ou trois gués. Monter le chemin à droite, continuer à gauche, couper la route et descendre en face vers la Patinière.

5 S'engager sur le chemin à droite [👁 > manoir de Belleau-Belleau à gauche]. Monter le chemin à droite, virer à gauche vers la Moutonnière et tourner à droite. Prendre la route à gauche sur 50 m, le chemin Margot à droite et descendre le chemin creux. Franchir le gué.

4 .Prendre le chemin à gauche.continuer à gauche vers le Hameau-Launay. Descendre par le chemin à droite sur 40 m, tourner à gauche, descendre et franchir la passerelle sur la Croupte. Emprunter le chemin à gauche et gravir le chemin à droite.

6 Suivre la voie à gauche sur 200 m, puis la route à gauche. Elle devient chemin qui descend, vire à droite et à gauche. Couper la route et prendre la D 64 à droite jusqu'à l'église.

FOUR À PAIN DE FERVAQUES / PHOTO F.G.

8

4 2 2

3h45
13,9km

S SITUATION
Fervaques à 13 km au sud de Lisieux par les D 579 et D 64

P PARKING
église

/ DÉNIVELÉE
altitude mini et maxi, dénivelée cumulée à la montée

188 m
83 m
299 m

B BALISAGE
jaune

! DIFFICULTÉ !
- ne pas s'écarter du chemin entre **1** et **2** (bois privés) ;
- prudence en période de chasse ;
- chemins humides et gués après **4** (prévoir des bâtons de marche)

À DÉCOUVRIR...

> En chemin
- Fervaques : château Le Kinnor XVIe, église (tour romane avec flèche XVIe, statues XVIe-XVIIe) ; four à pain ; prison 1733
- La Croupte : église XVIIe-XVIIIe (retable XVIIe), if du cimetière, lavoir, source miraculeuse, site pittoresque • Notre-Dame-de-Courson : manoir de Belleau-Belleau

> Dans la région
- Lisieux : cathédrale Saint-Pierre, hôtel du Haut-Doyenné, musée du Vieux Lisieux, basilique Sainte Thérèse, carmel, maisons anciennes

ENVIRONNEMENT

La source de l'Orbiquet à La Folletière-Abenon

La résurgence de l'Orbiquet / Photo D.G.

Cette source est la résurgence, au pied d'un coteau calcaire boisé, d'au moins deux cours d'eau souterrains. Son débit important, autour de 450 l/s, la place en quatrième position des sources vauclusiennes de France. Elle donne naissance à l'Orbiquet, qui rejoint la Touques à Lisieux (30 km).

Le site classé « Espace naturel sensible » est aménagé en 2002 dans une prairie humide. Il comprend un verger de pommiers haute-tige, un pressoir restauré, un lavoir et les vestiges d'un ancien moulin à blé du XIIIe siècle devenu moulin à battre le lin au XIXe.

On y trouve des espèces remarquables : chauve-souris (murin de Natterer), demoiselles (agrion de Mercure), truites fario appréciant cette eau très carbonatée, faux-cresson.

Le **retour** aux **sources**

La résurgence de l'Orbiquet, au fort débit, actionnait déjà un moulin, 50 m après sa source. Le circuit parcourt au sud, bois et plateaux puis longe les cressonnières implantées autour de la source du ruisseau de la Bigotière.

CRESSON ALÉNOIS / DESSIN P.R.

1 Du parking, descendre à droite au carrefour routier et tourner à droite.

> Accès à la résurgence de l'Orbiquet : partir à gauche, franchir le vannage et atteindre la source au pied de la falaise.

Passer devant l'église et monter la petite route à droite. Poursuivre jusqu'au bois et au panneau documentaire, puis descendre par le chemin à gauche sur 250 m.

2 Prendre le chemin à droite dans la vallée. Au carrefour de chemins, continuer tout droit. Dans le virage, monter à droite et traverser le bois sur 1,2 km. Avant Coquerel, tourner à droite. Après 150 m, le chemin vire à droite. Ignorer le chemin à droite, franchir la combe et gagner Le Châtel. Suivre la route à gauche sur 20 m, puis la route à droite, la D 130a à droite sur 30 m puis la route à gauche.

3 A Laval , s'engager sur le chemin à gauche. Il longe le bois de Bougy. Prendre le premier chemin à droite, franchir la combe en en ignorant les chemins latéraux.

4 En haut, emprunter le chemin à droite. Il passe en lisière du bois. Prendre la route à droite sur 50 m, puis le chemin à gauche et gagner La Tillaye.

5 Après l'exploitation agricole, suivre la petite route à droite. Elle devient chemin.

6 Prendre la route à gauche sur 50 m, ignorer le chemin à droite et poursuivre presqu'en face par le chemin goudronné qui descend dans le vallon. Contourner les cressonnières par la droite, monter par le chemin herbeux et, dans le virage, laisser le chemin de gauche pour gravir la pente à droite.

7 En haut, suivre le large chemin à gauche. Il traverse le plateau et descend dans la vallée.

8 Prendre la petite route à droite, rejoindre la mairie et monter à droite pour retrouver le parking.

9

3 2 2

3h45
14km

S SITUATION
La Folletière-Abenon, à 5 km au sud d'Orbec par les D 130 et D 130a

P PARKING
mairie, sur la D 130A

/ DÉNIVELÉE
altitude mini et maxi, dénivelée cumulée à la montée

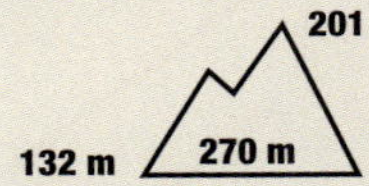

B BALISAGE
jaune

À DÉCOUVRIR...

> En chemin
- La Folletière-Abenon : site de la source de l'Orbiquet (aire de pique-nique), église en partie XIIe
- 4 panneaux documentaires sur le circuit
- cressonnières en activité

> Dans la région
- Orbec : maisons à pans de bois XVe-XVIe-XVIIe, le Vieux Manoir (musée municipal), hôtels XVe-XVIe, église Notre-Dame XIIIe-XVIe
- Lisieux : cathédrale Saint-Pierre, hôtel du Haut-Doyenné, musée du Vieux Lisieux, basilique Sainte-Thérèse (lieu de pèlerinage à sainte Thérèse de l'Enfant-Jésus), maison des Buissonnets (maison de la famille Martin), carmel, maisons anciennes

TECHNIQUES

Les salmonidés de la Touques

Truite fario aux Étangs du Val d'Aure / Photo Val d'Aure 14240 Livry

La Touques, fleuve côtier de 108 km de long, est le cours d'eau européen qui connaît la plus importante migration de truites de mer. Elles viennent s'y reproduire chaque année en hiver.

Une station de contrôle, installée au Breuil-en-Auge, permet de les observer sur un écran avec les quelques dizaines de saumons qui les accompagnent chaque année.

Elle est pourvue d'un piège qui permet également de mesurer, peser, baguer ces poissons afin de suivre leurs évolutions. Chaque poisson déjà bagué est reconnu quand il revient pour une nouvelle visite et ses nouvelles mensurations notées. 2 865 truites de mer et 31 saumons ont ainsi été suivis en 2021.

Une vallée poissonneuse

Des hauteurs de Notre-Dame-de-Courson et des Moutiers-Hubert, la vue s'étend sur les collines du Pays d'Auge et sur la vallée de la Touques.

1 Rejoindre le carrefour et poursuivre en face par la D 64 vers Fervaques.

2 Monter à droite le chemin Ancien, continuer tout droit par la route et, dans le virage, poursuivre en face par le chemin de terre.

ÉCUREUIL / DESSIN P.R.

3 Suivre la route à droite, couper la D 4 et continuer par le chemin en face, tout droit à travers cultures et herbages [> chevreuils souvent présents].

4 Tourner à droite, ignorer la route de gauche et prolonger à gauche par le chemin de terre. Descendre à travers bois. Avant d'arriver aux maisons de la Hardière, tourner à gauche puis remonter à gauche le long du ru. Au carrefour de chemins, tourner à droite. Au bout, continuer 75 m à droite et prolonger en face pour entrer dans le bois. Rejoindre tout droit la D 64.

5 À la Vierge, prendre la D 64 à droite puis la D 110 à gauche. Elle se faufile entre l'église et la mairie des Moutiers-Hubert [> par une fenêtre de la mairie, voir le dernier loup tué en 1868 dans la commune]. Franchir la Touques, gagner le lavoir et emprunter la voie à droite sur 150 m.

> Variante (boucle est de 11 km) : continuer tout droit.

6 Monter par le chemin à gauche à travers la forêt.

7 Prendre la D 110 à droite sur 20 m, la route à droite et, à la ferme, le chemin de terre à gauche. Au croisement, se diriger à droite sur 50 m et continuer par la route à gauche. Après le haras, suivre le chemin à droite et descendre dans le vallon. Monter par la D 4 à gauche, longer la distillerie (**> prudence !**) et, au niveau du calvaire de Belleau, descendre par le chemin à droite.

8 À l'embranchement, continuer tout droit, descendre le chemin herbeux et franchir la passerelle sur la Touques.

2 Prendre la D 64 à droite vers le bourg et le parking.

10

3h30
13km

S SITUATION
Notre-Dame-de-Courson, à 19 km au sud de Lisieux par les D 579 et D 64

P PARKING
salle des fêtes

DÉNIVELÉE
altitude mini et maxi, dénivelée cumulée à la montée

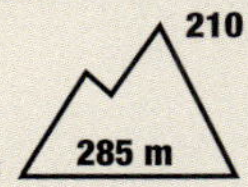

B BALISAGE
jaune

! DIFFICULTÉ !
• traverser la D 4 dans la ligne droite avant **8**

À DÉCOUVRIR...

> En chemin
• Notre-Dame-de-Courson : église néogothique
• Les Moutiers-Hubert : mairie (loup empaillé), lavoir
• calvaire de Belleau (9 m, taillé d'une pièce dans le granit)

> Dans la région
• Notre-Dame-de-Courson : château de Belleau (privé)
• Le Petit-Houx : chapelle Notre-Dame-de-la-Salette (1878) avec abside en cul-de-four
• Les Moutiers-Hubert : manoir de Cheffreteau
• Livarot (village fromager) : maisons à pans de bois, manoirs, église
• château de Fervaques
• manoirs de Bellou, de Caudemone, de Chiffretot
• Orbec : maisons à pans de bois.

HISTOIRE

Les mottes féodales

En 1035, les Grandmesnil à Ecots, comme maints barons normands, bravent l'autorité ducale et élèvent des buttes qu'ils fortifient. Le château normand du XIe siècle. est constitué d'une levée de terre servant de base à une tour de bois, le déblai forme un fossé. Le réduit défensif abrite une basse cour et quelques bâtiments d'exploitation. Ces mottes castrales s'adaptent au site défensif local. Après la victoire de Val ès Dunes, Guillaume fut magnanime : il pardonna aux barons révoltés mais fit raser nombre des châteaux : « Heureuse bataille où en un seul jour s'écroulèrent tant de châteaux, repaires de méchants ». Seul le duc eut alors le droit de construire des forteresses en Normandie.

Motte castrale aux Pays-Bas (reconstitution) / Photo J.-F.S.

Panorama sur l'**Oudon**

11

La commune de l'Oudon regroupant dix villages s'étend de part et d'autre de la vallée de l'Oudon. Le promeneur pourra découvrir de nombreux points de vue et les cavées profondes des flancs du Pays d'Auge.

1 Du parking, suivre la D 39 à gauche, la route à droite sur 50 m et encore à droite sur 900 m dans la forêt. Au carrefour, prendre la route à gauche. Au bout, descendre le chemin à gauche et franchir le vallon. Emprunter la route à droite, puis le chemin à gauche en lisière du bois. Après le coude à droite, aller jusqu'au chemin de droite. Il oblique à droite et atteint un embranchement.

> Variante par temps de pluie : si le chemin qui descend est impraticable, tourner à droite, puis deux fois à gauche.

2 Descendre tout droit. Couper la D 111 et suivre le chemin en face. À la patte d'oie, prendre à droite le sentier en lisière du bois d'Écots sur 650 m, le chemin à droite sur 50 m, la D 250 à gauche et le chemin à droite en lisière. Gagner un carrefour de chemins.

> Variante (circuit de 9 km) : tourner à gauche et traverser le bois d'Écots.

3 Prendre le chemin à droite sur 300 m.

4 Emprunter le chemin à gauche et continuer tout droit par un sentier en balcon qui descend à une route.

> Variante pour éviter le gué infranchissable en période pluvieuse : prendre la route à gauche et la D 250 à droite.

5 Poursuivre en face le sentier bordant la propriété, franchir l'Oudon à gué. Emprunter la D 250a à gauche, la D 40 à gauche et la D 250 à gauche. Après l'église, longer la motte féodale, le fossé et passer l'Oudon.

6 Prendre la route à droite. Contourner la ferme par la gauche, suivre le chemin à droite puis la route d'accès à la Chauvinière et rester à droite. Au carrefour [> calvaire] de Saint-Martin-de-Fresnay, emprunter la D 40 à gauche, franchir l'Oudon, tourner à gauche et monter le chemin.

7 Au carrefour des Isles, descendre à droite vers le Selbout, couper la D 111 et poursuivre en face par le chemin. Descendre par la D 39 à droite (**⚠ > prudence**), gravir le sentier pentu à gauche et regagner le parking.

3h30
13km

S SITUATION
Le Billot, à 44 km au sud-est de Caen par les D 613 et D 40

P PARKING
centre administratif

/ DÉNIVELÉE
altitude mini et maxi, dénivelée cumulée à la montée

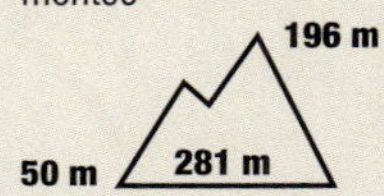

B BALISAGE
jaune

! DIFFICULTÉ !
- chemin pouvant être impraticable en cas de fortes pluies avant **2** (utiliser la variante)
- gué entre **5** et **6**
- prévoir les bâtons de marche

À DÉCOUVRIR...

> En chemin
- Le Billot : maisons à colombage
- Écots : église en partie XIIe, croix de cimetière, motte féodale XIIe
- Saint-Martin-de-Fresnay : maisons à pans de bois, manoir du Home, église (retable XVIIe), bois d'ifs anciens, cavées

> Dans la région
- château féodal de Courcy
- château de Vendeuvre
- Saint-Pierre-sur-Dives : abbaye, musée, halles

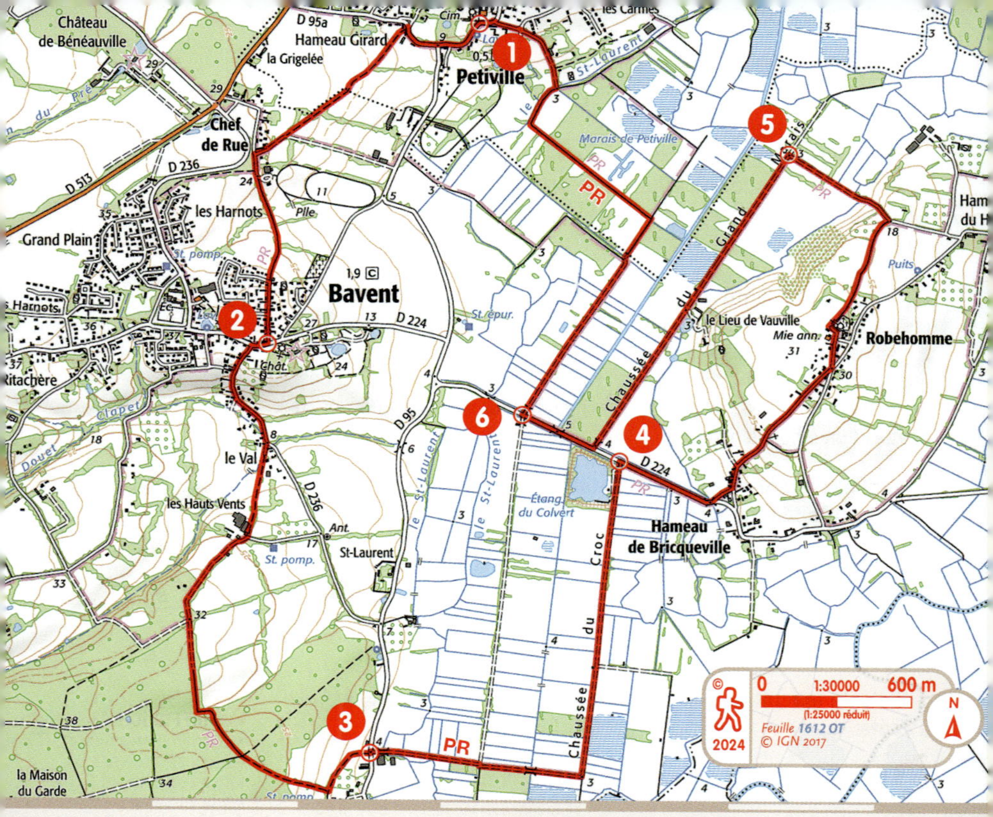

FAUNE ET FLORE

LES CIGOGNES SONT DE RETOUR

Les habitués des marais croisent régulièrement les cigognes blanches. Les zones marécageuses leur fournissent quiétude et nourriture, les arbres supportent les nids. Dès 1970 la population croît lentement : le processus s'accélère à la fin des années 80. En 2012, 219 couples nichent en Basse-Normandie dont 59 dans ce marais. Les bagues révèlent de grands voyageurs : « Azsh », née à Criqueville en 2010 a été retrouvée morte en Afrique du sud, à 9000 km de son lieu d'envol.

Hélas, engouement et stationnement des véhicules provoquent la destruction des nichées : si un adulte se lève, c'est que la distance d'approche est atteinte, l'envol de l'adulte peut être fatal au cigogneau. Soyons responsables !

CIGOGNES DANS LES MARAIS / PHOTO M.H

Les **marais** et l'**île** de **Robehomme**

Hibou des marais / Dessin G.P.

Les prairies, les bois et les marais des communes de Bavent et Petiville recèlent une faune riche et variée. De Robehomme, la vue sétend sur les marais et les contreforts du Pays d'Auge.

1 Face à l'église, prendre la rue à gauche [👁 > lavoir, manoir et colombier], ignorer la D 95 à gauche puis, au coin du n°3, se faufiler à gauche entre deux maisons. Poursuivre le long du parc à chevaux. Au bout, tourner à gauche et poursuivre tout droit vers l'église de Bavent.

2 Suivre la rue à droite sur 60 m, descendre à gauche par la rue de la Côte-du-Val sur 500 m, puis bifurquer à droite sur le chemin gravillonné puis herbeux qui longe le ru. Au bout, passer à droite devant la ferme des Hauts-Vents, traverser le bois et, par le chemin parfois boueux, descendre vers Roncheville. Au T, tourner à gauche.

3 Traverser la D 95 et emprunter en face le chemin du marais [👁 > à droite, nids de cigognes sur un arbre isolé et dans le bois]. Prendre le second chemin de gauche (la chaussée du Cros).

4 Emprunter la D 224 à droite (**⚠ > prudence !**), la rue des Sources à gauche et la rue des Saules encore à gauche. Grimper la côte vers Robehomme où se trouve l'église. Au carrefour, prendre la rue Faudy à gauche vers l'église, contourner le cimetière par la gauche et continuer par le chemin [👁 > table d'orientation). Au bout, descendre à gauche dans le marais.

5 Suivre à gauche la Chaussée du Grand-Marais, puis la D 224 à droite sur 300 m (**⚠ > prudence !**).

6 S'engager sur le chemin à droite, puis prendre le deuxième chemin à gauche. Il vire à droite en bordure du Saint-Laurent. Tourner à gauche, ignorer la route à droite et suivre la D 95 à gauche vers la mairie puis l'église.

Populage dans les marais de Bavent / Photo D.G.

12

3 2 1

3h30
13,5km

S SITUATION
Petiville, à 17 km au nord-est de Caen par les D 513 et D 95a

P PARKING
église

/ DENIVELÉE
altitude mini et maxi, dénivelée cumulée à la montée

34 m
3 m
113 m

B BALISAGE
jaune

! DIFFICULTÉS !
• chemin parfois boueux avant **3**

À DÉCOUVRIR...

> En chemin :
• Petiville : église en partie XVIIIe, lavoir, manoir XVIIe-XVIIIe et colombier XVIIe, mairie fin XVIIIe
• Bavent : église XIXe
• marais (nids de cigognes, sur un arbre isolé avec plate-forme et dans les peupliers)
• Robehomme : mairie, église, table d'orientation

> Dans la région :
• Bavent : mairie 1723 et son parc, lavoir ; tuilerie-poterie au Mesnil (épis de faîtage, restauration de monuments historiques)
• Cabourg : plage, promenade Marcel-Proust
• Dives-sur-Mer : Port-Guillaume, cité ouvrière, église, halles XVe-XVIe, bâtiment de la Lieutenance XVIIe
• Caen : cité historique riche en monuments et musées

HISTOIRE

La Batterie de Merville

À Merville, quatre casemates, recouvertes de terre, se fondent dans l'environnement. Elles abritent des canons de 155 mm, d'une portée moyenne de 17 km qui peuvent compromettre l'opération Overlord dans le secteur de Sword Beach. Champ de mines et réseaux de barbelés complètent la défense. Le fossé anti-char reste inachevé. Rommel se rend à deux reprises à Merville, en mars 1944 puis en mai 1944 pour inspecter les travaux qui n'avancent pas assez vite. Le béton est alors coulé de nuit sous les projecteurs. La nuit du 19 mai 1944 un bombardement massif vise la batterie de Merville, son commandement est décapité. Il faut à tout prix réduire au silence les canons de la batterie avant que ne débutent, à six heures précises, les opérations du débarquement du 6 juin.

Batterie de Merville, vue aérienne / Photo M.A. @ Batterie de Merville

Le **Débarquement**

13

4h30
18km

Entre les estuaires de l'Orne et de la Dives, les marais gagnés sur la mer forment des paysages non dénués de charme. Ils recèlent un milieu grouillant de vie et une végétation typique des secteurs humides.

> Boucle de la Batterie (13,5 km) : partir de l'église de Gonneville et utiliser la variante entre 6 et 2.

1 Du parking, partir à gauche et passer l'église. Emprunter la D 513 à droite sur 80 m et la traverser au passage piétons pour prendre le chemin. Longer la ferme et gagner un carrefour de chemins.

> Boucle du marais (12,5 km) : tourner à droite et rejoindre 6.

2 Poursuivre en face puis, à l'entrée de Gonneville, par la route à gauche.

3 À la stèle, prendre la rue des Banques à gauche, la rue de la Croix Bazin à droite et à l'église, la D 95a à droite. Couper la D 223 et poursuivre en face.

4 Au carrefour de chemins, tourner à droite, couper une route puis, au T, virer à droite. Monter par la rue à droite et, au bout, partir à droite vers la Batterie de Merville. Laisser le site à droite, continuer par le chemin prolongeant la route, traverser la D 223 et poursuivre jusqu'au virage.

5 Continuer en face. Le chemin vire à gauche et mène au Marais. Emprunter la route d'accès puis le large chemin à droite sur 2 km. Après le camping, prendre la route à droite sur 100 m.

6 À la ferme du Hôme, prendre la chaussée à gauche. Ne pas emprunter la D 513 mais le délaissé de route à gauche puis la large banquette à gauche. Traverser la D 513 au passage piéton et utiliser l'ancienne route à gauche.. Poursuivre par la D 513 sur 85 m, puis par la route à droite.

7 Au carrefour du karting, continuer en face. Franchir la passerelle sur la Divette et poursuivre par le chemin principal jusqu'au croisement.

> Accès à la stèle de la bataille de Varaville en face, à 650 m.

8 Emprunter la route à droite puis, au virage, le chemin en face (*fléchage « Varaville par la Cour »*). Il serpente dans le marais, se rétrécit entre deux canaux, **(⚠ > prendre garde aux trous effectués par les ragondins)** , tourne à gauche et à droite (maraîchage à gauche). Au T, aller à gauche et laisser deux chemins latéraux. Prendre la route à gauche et la D 27 à droite **(⚠ > prudence !)** pour regagner Varaville.

S SITUATION
Varaville, à 18 km au nord-est de Caen par la D 513

P PARKING
église

DÉNIVELÉE
altitude mini et maxi, dénivelée cumulée à la montée

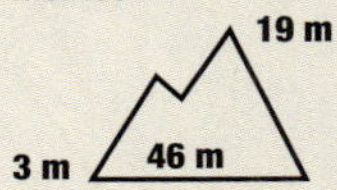

B BALISAGE
jaune

À DÉCOUVRIR...

> En chemin

- Merville : église Notre-Dame-des-Dunes 1961, batterie allemande (musée)
- stèle de la bataille de Varaville (1050)
- Gonneville : stèle, église remaniée au XVIIe

> Dans la région

- Merville-Franceville-Plage : tour vestige du château, église (nef romane, chœur gothique)
- Caen : cité historique riche en monuments et musées
- Bénouville : pont Pegasus Bridge, souvenirs du Débarquement
- Cabourg : plage, promenade Marcel-Proust, musée : La Villa du Temps retrouvé

FAUNE ET FLORE

LES OISEAUX DE LA BAIE

ŒUFS DE GRAVELOT À COLLIER INTERROMPU SUR LA PLAGE DE MERVILLE / PHOTO .D.G.

La Maison de la Nature et de l'Estuaire, à Sallenelles, propriété du Conseil départemental du Calvados depuis 1986, présente une exposition permanente sur le patrimoine naturel et humain de l'estuaire de l'Orne. Le Centre Permanent d'Initiatives pour l'Environnement (CPIE Vallée de l'Orne), organise des visites guidées.

Interdite au public, la réserve du Gros Banc, espace de 40 ha entre le massif dunaire de Merville et l'Orne, offre aux oiseaux repos et nourriture. Des observatoires ponctuent le périmètre. Le tadorne de Belon, le bécasseau variable, la sterne Caugek, le gravelot à collier interrompu, le phragmite des joncs, l'aigrette garzette fréquentent ces zones vaseuses et ce pré-salé.

La baie de Sallenelles

L'estuaire de l'Orne, site naturel sauvegardé d'un intérêt écologique majeur, est riche en oiseaux et en plantes de bord de mer et de marais. Des hauteurs de Sallenelles, la vue s'étend jusqu'à Ouistreham.

1 Par la passerelle, emprunter à droite le chemin côtier parallèle à la route. Au parking, Tourner à gauche le long de l'estuaire et rejoindre Sallenelles.

2 Continuer sur le chemin le long de l'estuaire [> points de vue]. Au parking, tourner à gauche et arriver à une intersection.

> Par marée haute, continuer tout droit.

3 Tourner à gauche pour contourner le Gros Banc [> observatoires]. Avant les rochers et la base nautique, quitter à droite la rive de la baie, gagner une fourche.

> Variante évitant Franceville Plage : aller à droite, suivre la route à droite, puis les contre-allées de la D 514 à gauche pour rejoindre 6.

4 Bifurquer à gauche, couper la route (à droite [> table d'orientation, blockhaus et redoute Vauban], et suivre la vélo-route presqu'en face. À la base de kite-surf, virer à gauche puis à droite au poste de secours. Continuer vers la cale.

5 Quitter la digue à droite et traverser le parking. Prendre l'avenue Houdard en face, l'avenue du Havre (troisième à droite), l'avenue de Falaise à gauche, l'avenue de Bayeux à droite, le boulevard Kennedy à gauche et la voie en face. Traverser la D 514 au passage piéton et tourner à droite.

6 Prendre à gauche l'avenue de la Hogue-du-Moulin et le chemin du Buisson à droite. Au carrefour, emprunter la chemin à droite sur 100 m.

7 À la fourche, rester à droite [> vues sur Ouistreham]. Prendre la route en face sur 20 m, le sentier à gauche puis le chemin à droite.

8 Au croisement, poursuivre en face, puis prendre la route à gauche, et le chemin à droite.

> Possibilité de tourner à droite pour rejoindre 2 par la D 37b (boucle nord de 13,5 km).

9 Suivre la D 37b à gauche, la rue Oger à droite et, place Colonel Dawson, le chemin à droite [> table d'orientation]. Couper la D 514, puis tourner à gauche, à droite, à gauche et à droite pour retrouver l'estuaire.

10 Longer l'Orne à droite. A la pointe de la Roque, virer à droite [> table d'orientation en hauteur], puis rejoindre à droite le parking.

3h45
15km

S SITUATION
Sallenelles, à 15 km au nord de Caen par les D 515 et D 514

P PARKING
maison de la Nature (parking fléché sur la D 514)

DÉNIVELÉE
altitude mini et maxi, dénivelée cumulée à la montée

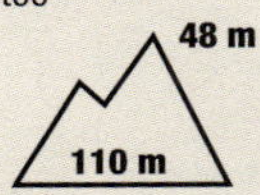

B BALISAGE
jaune

! DIFFICULTÉS !
- tour du Gros Banc (**2** à **3**) à ne réaliser qu'à marée basse

À DÉCOUVRIR...

> En chemin
- Sallenelles : Maison de la Nature et de l'Estuaire de l'Orne (expositions et animations autour de la baie)
- réserve ornithologique du Gros Banc (observatoires)
- tables d'orientation

> Dans la région
- Caen : cité historique riche en monuments et musées
- sites et plages du Débarquement
- Bénouville : pont Pegasus Bridge, souvenirs du Débarquement

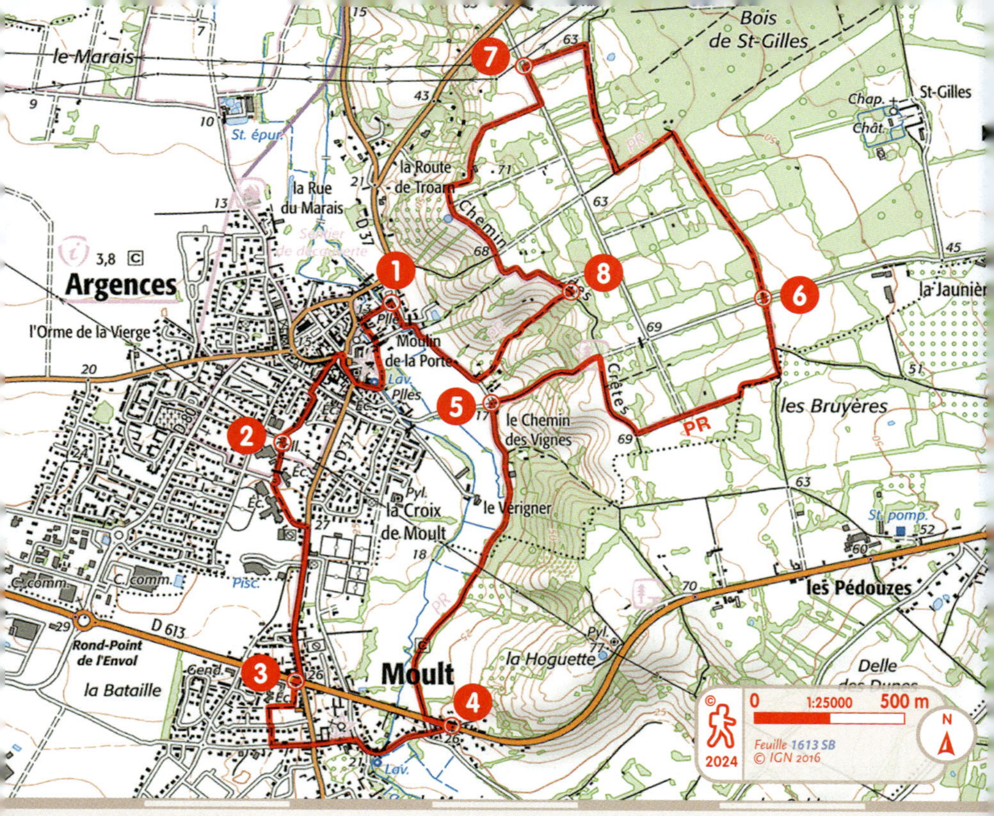

ÉCONOMIE

Le vin d'Argences … de la piquette ?

Coteau d'Argences autrefois consacré aux vignes / Photo D.G.

Le vin d'Argences, simple vin de messe ? Le vignoble a pourtant fait la renommée d'Argences ! Au XIe siècle, le duc Richard donne à l'abbaye de Fécamp, le bourg d'Argences, son église, ses terres, ses vignobles. L'abbaye en tire d'immenses profits. Comme le soulignent les comptes des récoltes au XIIIe siècle : il n'y est question que de galons, de pintes et de bouteilles de vin.

Guillaume de Malmesbury, sire de Gouberville, parle au XIIe siècle du « très bon vin d'Argences » et regrette qu'on ne laisse pas vieillir davantage ce vin « doux et délicat ». Reconstitué au XVIe siècle, mais concurrencé et handicapé par la dégradation du climat, son déclin est inexorable : les dernières vendanges ont lieu en 1856.

Le **coteau** de la **Muance**

Le circuit permet de découvrir la ville neuve d'Argences, reconstruite après 1944, les rives de la Muance et le coteau boisé dominant le bourg, offrant des vues sur la campagne de Caen.

1 Face à l'aire de pique-nique, aller à droite, emprunter la passerelle et la rue de Morte-Eau. Avant le pont, longer à gauche la Muance, croiser la rue et passer le moulin de la Porte. Au bout, franchir la Muance, tourner à droite rue de Croissanville et continuer à droite. Au rond-point [> mairie, église], prendre à gauche la rue Saint-Jean, traverser la rue, poursuivre en face puis à gauche par la rue Frilley jusqu'au pylône.

2 S'engager à gauche sur la sente entre le pylône et le collège. Au rond-point, tourner à gauche le long des écoles. Au bout, emprunter la rue du Maréchal-Joffre à droite.

3 Traverser la D 613, continuer en face à travers le parc vers la fontaine, passer sous l'arche et longer le mur à droite. Tourner à gauche au portail de l'école. Couper la route et poursuivre en face par l'allée boisée. Prendre la rue de Verdun à gauche, croiser la D 40 et gagner l'église de Moult. Emprunter à droite la rue de la Muance [> lavoir] et monter tout droit.

4 Traverser la D 613 au passage protégé et la longer à gauche sur 100 m pour trouver à droite le chemin du Coudray. Il longe la vallée de la Muance.

5 Au carrefour, gravir à droite le chemin de la Côte Sainte-Catherine. En haut [> aire de pique-nique], tourner à droite. Prendre le deuxième chemin à gauche. Au bout, passer entre deux rochers et virer à gauche.

6 Couper la route et continuer en face [> chaînes]. Au T, virer à gauche, puis suivre le deuxième sentier à droite. Après la clairière, poursuivre par le sentier de gauche. Au bout, tourner à gauche.

7 Suivre la route à gauche sur 130 m, puis le chemin des Bruyères à droite. Il vire à gauche en bordure du coteau. Après le réservoir [> vues sur Argences et la plaine au sud de Caen], continuer sur 800 m en laissant deux chemins à droite.

8 Dévaler à droite le chemin du Val-Meslier. Suivre à droite le chemin des Vignes. Après le virage, rejoindre à droite le parking.

Marais et coteau de la Muance / Photo D.G.

15

3h
9,5km

S SITUATION
Argences, à 17 km à l'est de Caen par la D613 et D41

P PARKING
Pré de la Motte, fléché sur la D37(route de Troarn), à la sortie nord du bourg

/ DÉNIVELÉE
altitude mini et maxi, dénivelée cumulée à la montée

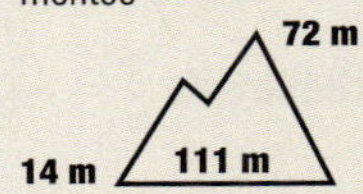

B BALISAGE
jaune

! DIFFICULTÉ !
- montée raide après **5** et descente raide après **8**
- passage humides avant **5**
- bâtons de marche conseillés

À DÉCOUVRIR...

> En chemin
- Argences : moulin de la Porte ; marais (hérons et cigognes) ; vues depuis le coteau
- Moult : jardin de la mairie, église (chœur roman, mobilier XVIIIe), lavoir

> Dans la région
- Argences : église reconstruite après 1944, le Forum (place de la République), château du Fresne XVIIe
- Troarn : ancienne abbaye
- Mézidon-Canon : château
- Victot-Pontfol : château

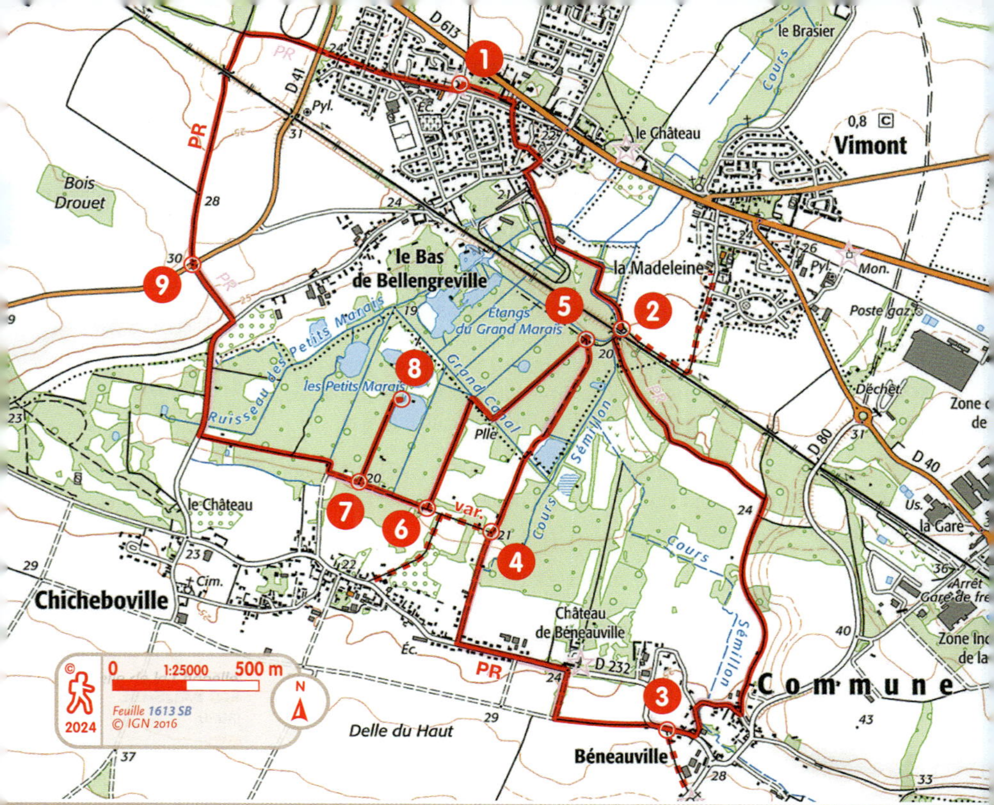

FAUNE ET FLORE

L'ARAIGNÉE *DOLOMEDES PLANTARIUS*

Découverte en 2018 dans le marais de Chicheboville, cette araignée aquatique est une espèce menacée et a fait l'objet, ainsi que l'ensemble du marais, d'un plan de sauvegarde de la part du Conservatoire d'espaces naturels de Normandie. Cette araignée ne tisse pas de toile mais se livre à la chasse des invertébrés aquatiques et parfois des petits vertébrés. À l'affût sur la surface de l'eau, elle repère ses proies par l'intermédiaire des vibrations. D'une longueur de deux à trois centimètres tête comprise, elle se distingue par une grande bande jaune clair sur le céphalothorax et l'abdomen.

Dans un objectif pédagogique, le randonneur pourra découvrir à proximité de l'observatoire une sculpture en bois de 5 mètres de diamètre représentant une *Dolomedes plantarius*.

CHEMIN DANS LE MARAIS / PHOTO F.D.

Au **cœur** d'un **marais protégé**

3h 10km

Le marais situé sur les communes de Bellengreville, Vimont et Chicheboville constitue un espace sensible dont le coeur vient d'être aménagé et ouvert aux seuls randonneurs.

1 Traverser le parc face à l'église puis la place Saint-Clair. Tourner à droite, couper la rue et continuer en face par la rue des Marronniers. Au carrefour de quatre rues, emprunter à droite la rue Félix-Bouffay puis la rue du Lavoir à gauche. Elle devient chemin de terre entre deux canaux. Arriver au pont de chemin de fer.

> À gauche, le chemin vient de Vimont.

2 Passer sous le pont et prendre le large chemin à gauche. Il traverse le bois puis longe une haie et des champs. Au bout, suivre le chemin à droite. Il mène à Béneauville. Emprunter la rue à droite, la rue à gauche et la D 232 à droite jusqu'à l'abri-bus.

> À gauche, le chemin herbeux mène à la chapelle Notre-Dame à 250 m.

3 Continuer par la D 232 et, dans le virage, par le chemin en face. Tourner à droite et, face au château de Béneauville, prendre la rue (D 232) à gauche puis le chemin Prempain à droite.

> À gauche, le chemin évite les zones humides.

4 Tourner à droite. Le chemin vire à gauche et continue tout droit, aménagé dans la roselière.

5 Au bout, virer à angle aigu à gauche. Obliquer à droite par le chemin aménagé entre des claies, emprunter la passerelle et, après quelques mètres à droite, continuer à gauche par le chemin encaissé (rondins de bois) et arriver à un croisement en T.

> À gauche, le chemin vient de Chicheboville.

6 Au T, tourner à droite.

7 Emprunter le chemin à droite qui conduit par un aller-retour l'observatoire à oiseaux [👁 > statue d'une araignée réalisée en bois].

8 Reprendre le même chemin.

7 Poursuivre à droite. Au panneau d'informations, s'engager sur le sentier à droite. Il vire à gauche. Prendre la D 232 à droite. Elle monte à gauche .

9 Traverser la D 41 (⚠ **> prudence !)**, continuer en face puis tout droit et passer sous la voie ferrée. Au bout, tourner à droite, couper la D 41 (⚠ **> prudence !)** et poursuivre tout droit vers la mairie et l'église.

S SITUATION
Bellengreville, à 10 km à l'est de Caen par la D 613

P PARKING
église, mairie de Vimont (à 730 m du **2**), mairie de Chicheboville (à 470 m du **6**)

DÉNIVELÉE
altitude mini et maxi, dénivelée cumulée à la montée

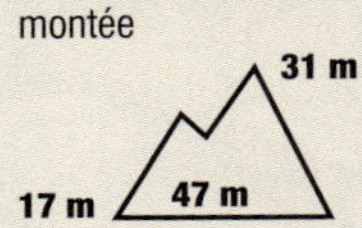

B BALISAGE
jaune

! DIFFICULTÉ !
- chemins pouvant être boueux en hiver entre **4** et **6** (utiliser la variante)
- traversées de la D 41 entre **7** et **1**

À DÉCOUVRIR...

> En chemin
- Bellengreville : église 1949-1958, mairie XVIIIe-XIXe, bois, marais
- Chicheboville : chapelle Notre-Dame XIIe-XIIIe (pour visiter : OT Val-ès-Dunes, 02 31 85 38 82), château de Béneauville XVIIe (privé)

> Dans la région
- Bellengreville : manoir de la Perquette XVIIe et colombier (privé), site de la bataille de Val-ès-Dunes (1047)
- Crèvecoeur-en-Auge : château féodal (musée)
- Caen : cité historique riche en monuments et musées

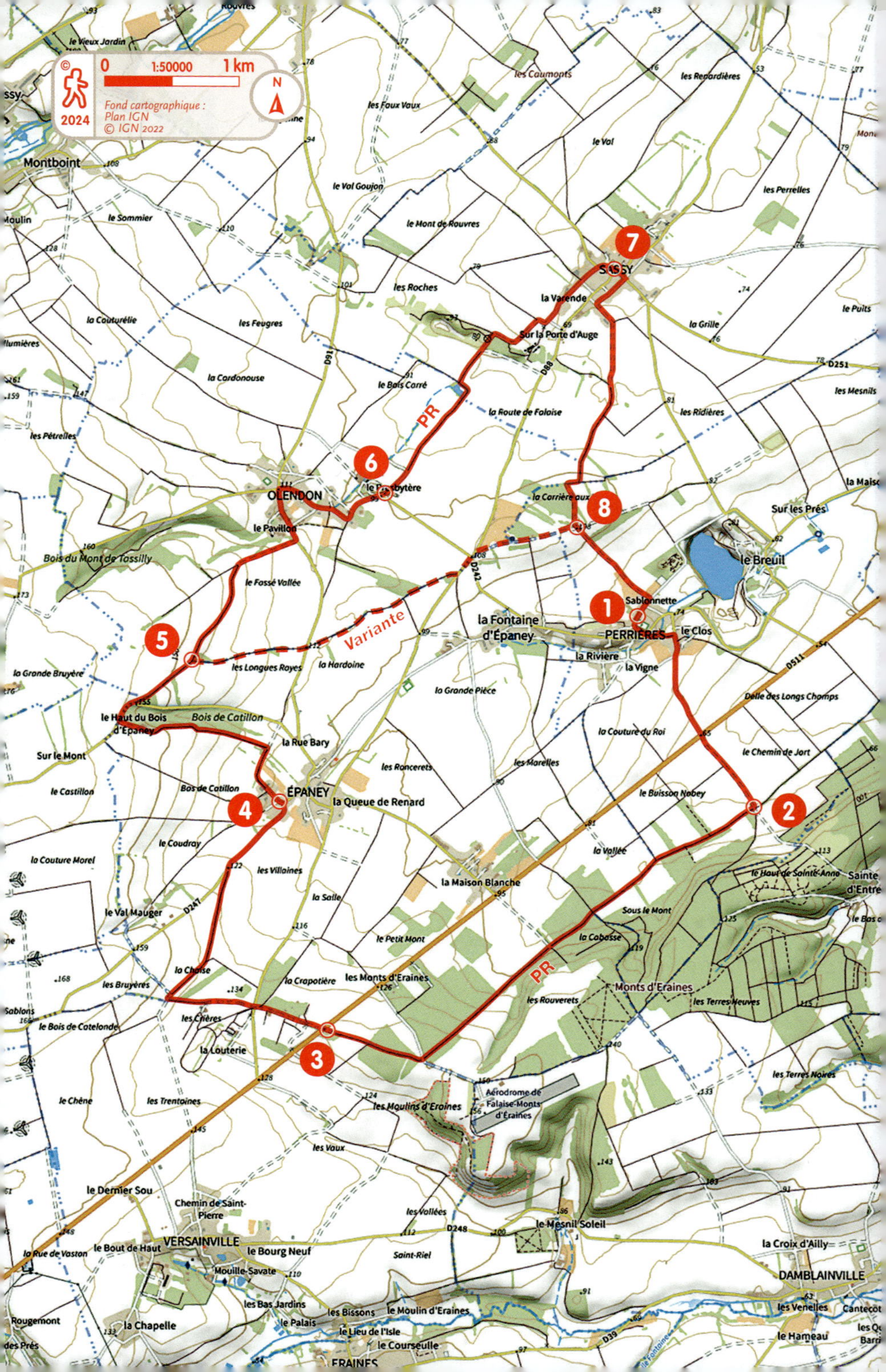

0
1:50000
1 km
2024
Fond cartographique :
Plan IGN
© IGN 2022
N
Montboint
le Vieux Jardin
les Caumonts
les Renardières
les Faux Vaux
le Val
le Val Goujon
les Perrelles
le Sommier
le Mont de Rouvres
les Roches
SASSY
la Varende
la Grille
les Puits
la Couturélie
les Feugres
Sur la Porte d'Auge
la Cordonouse
le Bois Carré
la Route de Falaise
les Mesnils
les Ridières
les Pétrelles
PR
OLENDON
le Presbytère
la Carrière aux
Sur les Prés
le Pavillon
Bois du Mont de Tassilly
le Breuil
le Fossé Vallée
Sablonnette
la Fontaine d'Épaney
PERRIÈRES
le Clos
Variante
la Rivière
la Vigne
les Longues Rayes
la Hardoine
la Grande Bruyère
la Grande Pièce
Delle des Longs Champs
le Haut du Bois d'Épaney
Bois de Catillon
la Couture du Roi
la Rue Bary
le Chemin de Jort
Sur le Mont
les Roncerets
les Marelles
le Castillon
Bois de Catillon
ÉPANEY
la Queue de Renard
le Buisson Nobey
le Coudray
la Couture Morel
les Villaines
la Vallée
le Haut de Sainte-Anne
la Maison Blanche
la Salle
le Val Mauger
Sous le Mont
le Petit Mont
la Cabosse
la Chaise
la Crapotière
les Monts d'Eraines
les Bruyères
Monts d'Eraines
les Rouverets
les Terres Neuves
Sablons
les Crières
le Bois de Cotelonde
la Louterie
les Terres Noires
Aérodrome de Falaise-Monts d'Eraines
le Chêne
les Trentaines
les Moulins d'Eraines
les Vaux
le Dernier Sou
Chemin de Saint-Pierre
les Vallées
le Mesnil Soleil
VERSAINVILLE
le Bout de Haut
le Bourg Neuf
la Rue de Vaston
Mouille-Savate
Saint-Riel
la Croix d'Ailly
DAMBLAINVILLE
les Bas Jardins
les Bissons
le Moulin d'Eraines
les Venelles
Rougemont
la Chapelle
le Palais
le Lieu de l'Isle
le Hameau
le Courseulle
ERAINES
D91
D88
D242
D251
D511
D247
D248
D39
1
2
3
4
5
6
7
8

Les **quatre vents**

17

5h15
20km

En une ou deux boucles, ce circuit parcourt une partie de la plaine de Falaise et des Monts d'Eraines. Les villages de Perrières, Epaney, Olendon et Sassy ont conservé des constructions anciennes.

> Possibilité de scinder ce circuit en deux boucles : sud (15,5 km) et nord (11 km) : jonction entre 5 et 8.

1 Sortir du parking, prendre la rue de la Sablonnette à gauche et tourner trois fois à gauche. Au parking de l'église, descendre l'escalier et suivre le chemin du Vivier le long du ruisseau [> porte du prieuré et grange aux Dîmes]. Virer à droite, prendre la D 242a à droite, couper la D 511 (**⚠ > prudence !)** et continuer en face sur 700 m jusqu'au second chemin.

2 Suivre ce chemin à droite sur 3 km [> ancienne voie romaine]. Couper la route et prendre le chemin en face. Il vire à droite jusqu'au second chemin.

3 Couper la D 511 (**⚠ > prudence !)**, puis la D 88. En face, longer la piste hippique. Au T, descendre le chemin à droite, puis continuer à gauche et suivre la D 247 à droite.

4 À l'entrée d'Épaney [> en face, accès au centre du bourg], s'engager à gauche dans Le Haut de la Rue qui devient chemin. Tourner à gauche, longer le bois de Catillon, suivre la D 246 à droite sur 150 m, puis le chemin à gauche jusqu'à la fourche.

> Variante (boucle sud de 15,5 km) : descendre à droite.

5 Rester à gauche, descendre à droite et prendre la D 91 à gauche. Traverser Olendon (**⚠ > la rue des Neuveux à droite permet d'éviter le carrefour)**. Au carrefour, emprunter la D 242 à droite jusqu'à l'église.

6 Prendre à gauche la voie qui longe l'église et garder la même direction. Après la carrière [> espace naturel préservé], tourner à droite, dépasser le Châtelet ruiné puis la ferme-manoir de la Varende et, par la D 251 à droite, gagner le centre de Sassy.

7 Continuer la D251. À la mairie [> monument aux morts], prendre la route à droite sur 300 m puis le chemin à gauche sur 1,5 km. Au T, tourner à droite, longer le bois de la Carrière-aux-loups et atteindre le carrefour des chemins.

> Variante (boucle nord de 11 km) : partir de Sassy ou d'Olendon.

8 Descendre en face à Perrières et tourner à droite pour retrouver le stade.

S SITUATION
Perrières, à 12 km au nord-est de Falaise par la D 511 et D 242a

P PARKING
stade, église d'Olendon (au **6**), centre de Sassy (au **7**)

DÉNIVELÉE
altitude mini et maxi, dénivelée cumulée à la montée

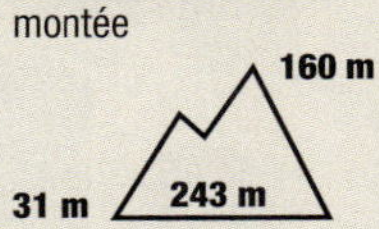

B BALISAGE
jaune

À DÉCOUVRIR...

> En chemin

- Perrières : église XIe, XIVe, XIXe (modillons romans à l'extérieur) ; porte du prieuré XIIIe, logis XVIe (privé), grange aux dîmes XIIe (privé)
- Épaney : maisons XVIe-XVIIIe, place de la Mare (ancien manoir et château du Logis), église XVe, XVIIIe, XIXe, croix de cimetière
- Sassy : tour ruinée du Châtelet, ferme de la Varende.

> Dans la région

- Falaise, château féodal, château de la Fresnaye XVIIe-XVIIIe, églises, musées
- château de Vendeuvre
- Saint-Pierre-sur-Dives : abbaye, musée, halles

GASTRONOMIE

LA FABRICATION TRADITIONNELLE DU CIDRE

Le mot cidre est attesté pour la première fois vers 1130 chez le poète normand Wace. Au XVIe siècle, la bière est encore la boisson du peuple et des domestiques tandis que le cidre, boisson de luxe, est réservé aux maîtres.

ALAMBIC DU CLOS D'ORVAL / PHOTO J.-F.S.

Récoltées en octobre, les pommes lavées et à maturité, sont broyées en novembre dans un tour à pommes à l'aide d'une meule, entraînée par un cheval. Les pommes écrasées sont placées dans un pressoir entre des lits de paille. Le serrage fait s'écouler un jus chargé en pulpe. Il est mis en fût où il décante et fermente naturellement. En février, un jus clair est tiré et mis en bouteille. Le cidre brut traditionnel, acidulé et peu sucré, titre généralement de 3 à 5°.

GASTRONOMIE

LE CALVADOS

Le calvados s'obtient par distillation de cidres sélectionnés. La distillation dans un alambic permettant deux « chauffes » est obligatoire pour mériter une A.O.C. Lors de la première distillation, on recueille la « petite eau », alcool qui titre 30° environ. Lors de la seconde chauffe, « la repasse », on distille la petite eau pour obtenir l'eau de vie. On écarte la « tête », premier alcool obtenu, au goût trop accentué et contenant du méthanol toxique, ainsi que la « queue » afin d'obtenir le « cœur » de la repasse qui ne doit pas excéder 72°. Ce « cœur » constitue le calvados. Celui du commerce titre entre 40° et 45° d'alcool pur. Deux années de vieillissement en fût de chêne lui donneront sa couleur ambrée.

TOUR À POMMES DU CLOS D'ORVAL / PHOTO F.G.

GASTRONOMIE

La teurgoule, dessert normand

La teurgoule est un dessert à base de lait dont deux ingrédients, le riz et la cannelle, proviennent du butin rapporté, au XVIIIe siècle, par les corsaires normands après le pillage des galions espagnols revenant du Nouveau Monde. Vers 1765, pour éviter une disette, un intendant de Caen et châtelain de Tilly, fait venir du riz et propose des recettes. La « terrinée », du nom du plat utilisé, devient la « teurgoule » du patois « teure » (tordre) et « goule » (bouche). Le riz au lait sucré, parfumé à la cannelle, cuit de longues heures dans un four à feu doux et devient une crème de riz savoureuse. Elle se déguste tiède, accompagnée de la falue, brioche plate traditionnelle, et d'une moque (une grande tasse ansée en grès) de cidre.

Teurgoule et falue / Photo D.G.

GASTRONOMIE

Le Pays d'Auge, terre de fromages

Fromages normands / Calvados Attractivité

Le Pays d'Auge est le berceau de trois fromages réputés qui sont protégés par une A.O.C. (française) et une A.O.P. (européenne).

Le pont-l'évêque est un fromage carré, à pâte molle et à croûte jaune. Il faut 3 l de lait pour un fromage de 250 g et l'affinage dure 4 à 6 semaines.

Le livarot est un fromage rond à pâte molle, sa croûte orangée est due au rocrou, un colorant naturel. Il est entouré de 5 bandelettes de laîche, lanières végétales, d'où son surnom de colonel. Il faut 5 l de lait pour 500 g de fromage. L'affinage dure de 5 à 8 semaines.

Le camembert, redécouvert par Marie Harel au XIXe siècle, est un fromage rond à pâte molle. Sa croûte blanche est due au développement d'une moisissure. Le « camembert de Normandie » est fabriqué en Normandie avec du lait normand.

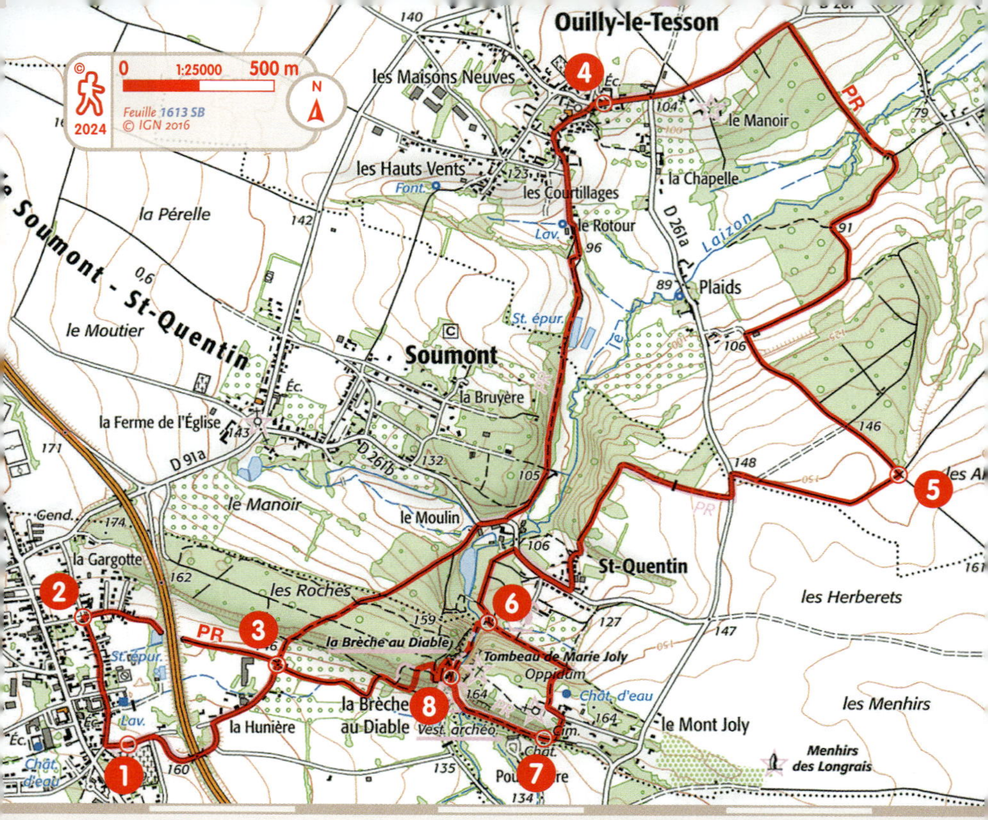

HISTOIRE

Le tombeau de Marie Joly

Née à Versailles en 1761, Marie Joly monte sur les planches dès l'âge de sept ans pour jouer le rôle de Louison dans *Le malade imaginaire* de Molière. Son succès est immédiat, elle devient sociétaire de la Comédie-Française. Elle épouse un capitaine de cavalerie, maire de Saint-Quentin. Pendant la Révolution, Marie, dénoncée comme royaliste, est emprisonnée durant cinq mois. Libérée, elle décède prématurément à l'âge de 37 ans.

Son époux confie au sculpteur Lesueur la réalisation d'un tombeau, exacte réplique de celui de Jean-Jacques Rousseau à Ermenonville. Le sarcophage est décoré d'un bas-relief représentant l'actrice allongée, en grandeur nature. Le tombeau de Marie Joly surplombe le chaos rocheux et la gorge du Laizon.

Tombeau de Marie Joly / Photo F.G.

La **Brèche** au **Diable**

18

3h15
12km

La Brèche, ouverte dit-on par le Diable pour offrir un passage aux eaux du Laizon, est un site naturel unique dans la plaine de Falaise. Sur le promontoire furent érigés la chapelle Saint-Quentin et le tombeau de Marie Joly.

1 En regardant l'église, partir à droite, tourner à droite et gagner le deuxième croisement.

2 À cet endroit, prendre le chemin de Marie-Joly à droite. Il passe sous la N 158 et mène à un carrefour de chemins.

3 Monter par le chemin à gauche et négliger les sentiers latéraux (suivre le circuit n°7). Sur le plateau, à la fourche, descendre à gauche. Prendre la D 261b à droite sur 100 m puis le chemin à gauche dans la vallée du Laizon. À la maison, poursuivre par la route. Emprunter la route à droite, la rue des Ifs à droite et longer le mur de l'église d'Ouilly-le-Tesson.

4 Emprunter la D 261 à droite, dépasser la croix et longer le bois. Descendre le chemin à droite, franchir le Laizon, puis bifurquer à droite et suivre le chemin en lisière. Au hangar, monter le chemin à gauche et passer la croisée.

5 Au coin du bois, tourner à droite. Prendre la D 261b à gauche sur 100 m et le chemin à droite en lisière. Il vire à gauche et descend à Saint-Quentin. Suivre la D 261b à droite. Avant le pont, s'engager sur le chemin à gauche vers la cascade.

> Variante par la brèche au Diable (⚠ > à ne pas emprunter en période de hautes eaux) : franchir la passerelle à droite, parcourir le chaos rocheux le long du Laizon et atteindre une intersection avant le pont.

6 Aller à gauche et monter à gauche le chemin qui longe le bas du coteau. Gravir le sentier à angle aigu à droite et déboucher près de la chapelle Saint-Quentin [👁 > tombeau de Marie Joly à droite]. Prendre la rue à gauche, descendre le sentier à droite et, en bas, virer à droite.

7 Continuer à droite [👁 > polissoirs au bord de la Laize], franchir le pont et faire 20 m à droite.

8 Monter à gauche par le sentier (suivre le circuit n°7). Tourner à gauche par le chemin aménagé dans l'espace sensible et descendre au pied du plateau. Emprunter le sentier à droite, descendre le sentier à gauche, longer le ru à droite et retrouver le carrefour de l'aller.

3 Tourner à gauche, traverser La Hunière, franchir le pont sur la N 158 et regagner l'église.

S SITUATION
Potigny, à 25 km au sud de Caen par la N 158

P PARKING
église °

DÉNIVELÉE
altitude mini et maxi, dénivelée cumulée à la montée

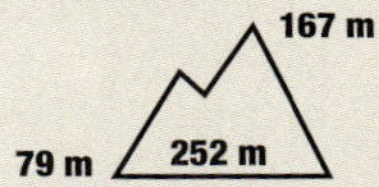

B BALISAGE
jaune

! DIFFICULTÉ !
- variante à ne pas parcourir en période de hautes eaux
- chasse tous les jours en période de chasse

À DÉCOUVRIR...

> En chemin
- Potigny : église XIIIe avec if
- site classé du mont Joly et de la brèche au Diable
- chapelle Saint-Quentin XIIIe et tombeau de Marie Joly XVIIIe (privé)
- menhirs des Longrais
- polissoirs néolithiques de Poussendre

> Dans la région
- Soumont-Saint-Quentin : ancien site d'une mine de fer, église de Saint-Quentin XIIIe
- Villers-Canivet : abbaye cistercienne de femmes (privée, visite en saison)
- Falaise : château féodal, château de la Fresnaye XVIIe-XVIIIe, églises, musées

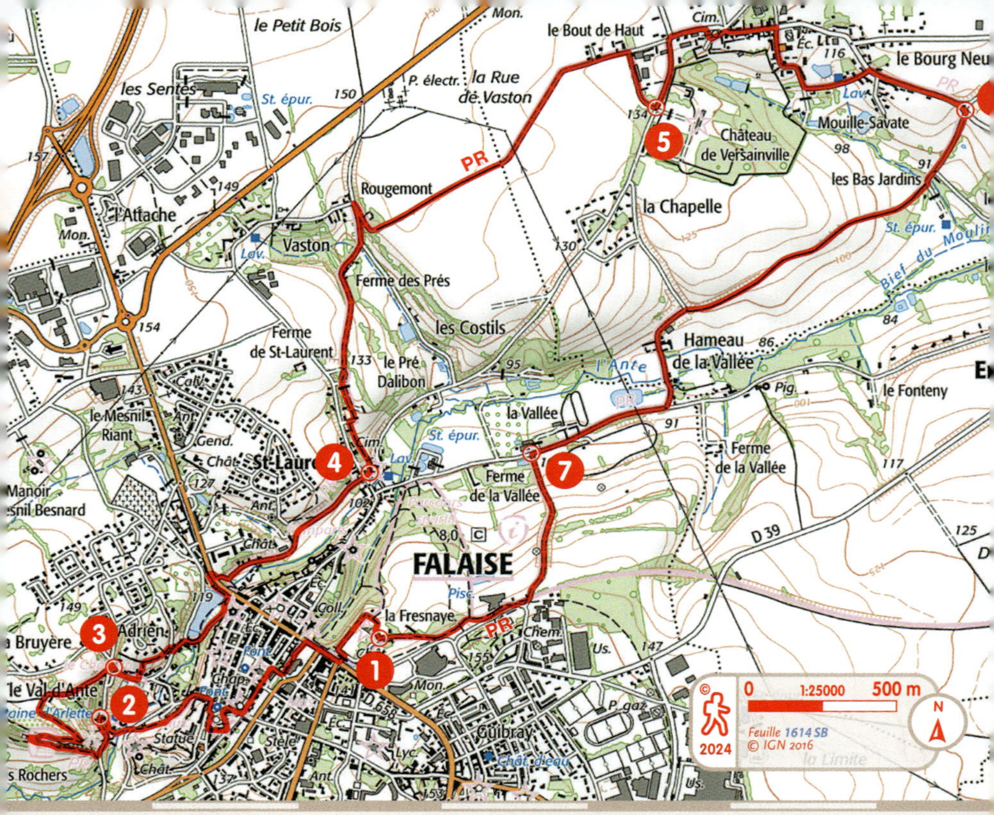

PATRIMOINE

Le château ducal de Falaise

Sur l'éperon rocheux dominant la vallée de l'Ante, un château fort se dresse à Falaise dès le Xe siècle. Guillaume le Conquérant (1027-1087) y serait né. Il y a passé son enfance et y a résidé fréquemment. Divers bâtiments ont ensuite été édifiés : le grand donjon quadrangulaire, le petit donjon, l'enceinte flanquée de seize tours et la Tour Talbot. Abandonné au XVIIe siècle, le château sert alors de carrière de pierre. Au XIXe siècle, un disciple de Viollet-le-Duc commence le sauvetage des donjons. La restauration de la Tour Talbot et des remparts a lieu au XXe siècle avec la réalisation d'un avant-corps. Grâce aux nouvelles technologies, le visiteur peut voir l'intérieur du château tel qu'il était sans doute au XIIe siècle.

Château de Falaise / Photo G.P

Les trois **châteaux**

La cité du Conquérant, meurtrie par la bataille de Normandie reste cependant un agréable lieu de randonnée. Falaise et ses alentours offrent un exceptionnel patrimoine : églises, forteresse, remparts et châteaux.

1 Gagner l'entrée du parc, suivre la rue Clémenceau à droite, traverser face au parking du Forum. Le longer par la droite et franchir la passerelle. Suivre la rue de Paris à droite, la rue Courbet à gauche. Tourner à droite rue Gonfroy [👁 > médiathèque, ancien Hôtel-Dieu], à gauche rue Rollon sur 20 m. À gauche, passer sous le porche n°7 puis sous l'arche de l'église de la Trinité. Virer à droite par le passage du Tréguillet. Traverser la place Guillaume le Conquérant [👁 > statue] en diagonale à droite, descendre à gauche rue Philippe-Jean, prendre la venelle de la Brasserie à gauche. Se diriger au bas du vallon d'Ante vers la fontaine d'Arlette. Monter la ruelle à droite.

2 Suivre la route à gauche sur 90 m. Après le rocher gravir le sentier à droite sur 250 m et grimper à droite sur le plateau. Aller à droite au promontoire du Mont Myrrha [👁 > point de vue]. Partir à gauche, longer le grillage, descendre à droite le chemin de la Cabotte.

3 Traverser, descendre les marches et la rue du Val d'Ante sur 60 m. Après les n°22-24, passer à gauche sous le porche *(venelle des Palis),* virer à droite et descendre à droite puis à gauche vers l'étang. Monter à droite (porte des Cordeliers) et tourner à gauche la rue de Caen. Après la table d'orientation, faire un crochet droite-gauche pour descendre par le chemin des Oliviers.

4 Au portail de l'église, gravir la ruelle à gauche (rampe). Au bout, tourner à droite. Suivre la route à droite, monter à gauche vers Vaston et prendre, à angle aigu à droite le chemin de Rougemont. Après les maisons du Bout-de-Haut, s'engager dans la venelle à droite.

5 Au château de Versainville, prendre la route à gauche et la D 248 à droite. Contourner l'église par la droite. Suivre la rue de la Libération à droite, la rue Neuve à droite, la rue du Lavoir à gauche et la D 248a à droite.

6 Au carrefour, descendre à droite et poursuivre tout droit le chemin. Descendre la route à gauche. À la sortie du hameau, continuer à droite.

7 Gravir le chemin à gauche. En haut, emprunter à droite l'allée piétonne qui dessert la piscine et descend à droite dans le parc du château.

3h
11,5km

S SITUATION
Falaise, à 32 km au sud de Caen par la N 158

P PARKING
arrière du château de la Fresnaye (centre ville, accès par le rond-point en galets près de l'hypermarché).

/ DÉNIVELÉE
altitude mini et maxi, dénivelée cumulée à la montée

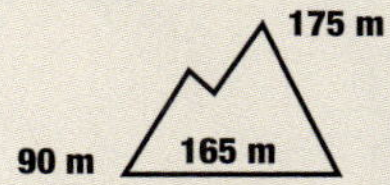

B BALISAGE
jaune

À DÉCOUVRIR...

> En chemin
- Falaise : château de la Fresnaye XVIIIe, ancien Hôtel-Dieu, église Sainte-Trinité XIIIe-XVIe, mémorial des Civils, statue du Conquérant 1851, Hôtel de ville XVIIIe, château de Falaise XIIe-XIIIe et remparts, fontaine d'Arlette, Mont-Myrrha, porte des Cordeliers XIIIe, église Saint-Laurent XIe-XVe.
- Versainville : château XVIIIe, église XIIe-XIXe

> Dans la région
- Potigny : église XIIIe ; site du Mont-Joly et de la Brèche au Diable
- Damblainville : réserve naturelle de Mesnil-Soleil
- Perrières : église XIIe-XIVe-XIXe, porte du prieuré XIIIe, grange aux dîmes XIIe
- Vendeuvre : château 1751, musée du mobilier miniature, jardins

TRADITIONS

Le four à chaux de La Bouganière

L'ancien four à chaux de La Bouganière, bâti dans un talus, fonctionne avec du calcaire venant de la proximité de Falaise et du bois de chauffage prélevé sur place, abondant aux XIXe siècle. En 1830, trois fours à chaux sont en activité aux Îsles-Bardel. La calcination du calcaire à 900 °C produit de la chaux vive. Celle-ci est « éteinte » par l'ajout d'eau puis séchée, devenant ainsi une poudre blanche. La chaux est un produit très utilisé pour ses diverses propriétés. Elle sert de liant pour la construction des habitations et des dépendances, en agriculture pour l'amendement des sols trop acides et, en raison de ses propriétés antiseptiques, au badigeonnage des arbres et des pièces abritant le bétail.

Le four à chaux de la Bouganière / Photo D.G.

Les **Coteaux** de l'**Orne**

Le circuit parcourt la « presqu'île » entre Orne et Baize, permettant de découvrir une grande variété de paysages : prairies le long des cours d'eau, forêts sur les coteaux et patrimoine bâti.

1 Du parking, partir à l'opposé de l'église, monter par la D 128 sur 30 m et, au carrefour, prendre le chemin à gauche. En haut, suivre la route à gauche. Aux hangars, monter à gauche et, au niveau de la ferme du Vaugoude, continuer en face par le chemin de la Fontaine. Gravir la route sur 500 m jusqu'au virage à droite, à angle droit.

> Variante nord (8,5 km) : continuer par la route, puis suivre la D 239 à droite. Après la croix, emprunter à gauche la route qui conduit au 4.

2 S'engager à gauche sur le chemin peu visible bordé de haies. Il passe en haut de deux vallons. Aux maisons du Ménil-Hermei, tourner à droite en parallèle de la D 244. Continuer par la D 239 à droite sur 50 m puis par le large chemin en face. Après le lavoir du Bouchard, il descend, ombragé et caillouteux, dans la vallée de l'Orne

3 Juste avant la D 21, prendre le chemin à droite sur 2,7 km (⚠ **> bois et chemin privés : chicanes ; rester sur le circuit !**). Il longe le pied du coteau [👁 > vue sur le château de la Forêt-Auvray sur la rive gauche du fleuve] et monte à droite en bordure d'un vallon vers la Bourganière. Gravir la route d'accès vers le plateau.

4 Peu après le four à chaux, bifurquer à gauche sur le chemin de Montaval. Il descend, pentu, ombragé et caillouteux.

5 Prendre la route à gauche sur 30 m, puis le chemin des Rochers à droite. Il s'approche du bord de la falaise dominant l'Orne. Monter à gauche par la route du Moulin-Danet (D 245) sur 450 m.

6 Juste avant le pré, se faufiler sur le sentier peu visible à gauche dans la haie (⚠ **> tronçon privé : chicanes !**). Il descend [👁 > point de vue] le long de la crête boisée. En bas, suivre la D 245 à gauche et passer le pont sur la Baize.

7 S'engager sur le sentier à droite. Il s'élargit en chemin ombragé et longe la vallée de la Baize sur 2,2 km.

8 Continuer à droite par le chemin en bordure de la vallée sur 700 m et traverser la Guérardière. Poursuivre à droite par la D 128, franchir le pont sur le Boulaire puis celui sur la Baize et monter aux Isles-Bardel. Tourner à droite vers l'église et la mairie.

L'ORNE AUX ISLES-BARDEL / PHOTO D.G.

20

4 · 2 · 2

4h
12,6km

S SITUATION
Les Isles-Bardel, à 14 km à l'ouest de Falaise par les D 511, D 18 et D 128

P PARKING
mairie

/ DÉNIVELÉE
altitude mini et maxi, dénivelée cumulée à la montée

56 m — 176 m — 348 m

B BALISAGE
jaune

! DIFFICULTÉ !
- sentiers un peu raides et caillouteux avant **3**, après **4** et après **6**

À DÉCOUVRIR...

> En chemin
- Les Isles-Bardel : église Saint-Ouen XVIII-XIXe, mairie fin XIXe avec halle
- vue sur les vestiges du château en rive gauche de l'Orne
- four à chaux de la Bourganière XIXe
- point de vue du haut de la falaise

> Dans la région
- Les Isle-Bardel : château des Ils XIXe • La Forêt-Auvray : église Saint-Pierre XVIII-XIXe, halles jumelles XVIIIe , château en rive gauche de l'Orne
- Falaise : château féodal, château de la Fresnaye XVIIe-XVIIIe, églises, musées
- Pont-d'Ouilly : chapelle Saint-Roch (peintures murales modernes)
- site de la roche d'Oëtre

HISTOIRE

LE CHEMIN DU ROY

L'histoire affirme que le roi Louis XVI accompagné de Marie-Antoinette, serait passé à Pont-d'Ouilly, un des rares lieux permettant de franchir l'Orne grâce à son fameux pont à sept arches voûtées en ogives. Dès le XIIe siècle, il donnait passage au grand chemin de Paris vers la Bretagne et le Mont-Saint-Michel. L'arche centrale plus élevée portait une croix maintenant érigée derrière l'église actuelle. Cette croix marquait la séparation des deux communes, St-Marc-d'Ouilly et Ouilly-le-Basset dont la fusion a donné naissance, en 1947, à Pont-d'Ouilly. Le pont ancien, connu par une gravure, est détruit puis remplacé par un ouvrage plus large emporté par une crue. Réparé et de nouveau détruit en 1944, il est remplacé par un pont Bailey, puis reconstruit et inauguré en 1948.

VUE SUR PONT-D'OUILLY / PHOTO C.D.

Le **Val** la **Hère**

Des bords du frais ruisseau du Val la Hère, vous monterez sur les hauteurs du Bourg-d'Ouilly puis redescendrez en profitant d'une vue remarquable sur le bourg et la vallée de l'Orne.

1 Monter à gauche par la route de Falaise (D 511) et, devant le calvaire, monter par la rue à droite vers la Valette. En haut, traverser la D 511 et continuer en face vers la Goubinière. Dans le hameau, au niveau du lavoir, descendre à gauche par la route qui devient chemin. En bas, franchir la passerelle sur le Val la Hère. Négliger le sentier à gauche.

2 À l'intersection, continuer à droite le long du ruisseau du Val la Hère sur 1 km [👁 > ruines du moulin des Vaux].

3 Au croisement, tourner à droite en ignorant les deux chemins de gauche. Franchir la passerelle et continuer par le chemin à droite. Il s'élargit et s'élève régulièrement sur le coteau. Parvenir à l'église du Bourg-d'Ouilly. Tourner à droite, traverser la D 511 (**⚠ > prudence !**) et poursuivre en face.

4 Avant la forte descente, prendre le large chemin à gauche.

5 Tourner à droite, descendre par le chemin devenant caillouteux vers Pont-d'Ouilly [👁 > vue sur le bourg et la vallée de l'Orne] et retrouver la D 511.

Le pont sur l'Orne à Pont-d'Ouilly / Photo D.G.

21

2h30
6,7km

S SITUATION
Pont-d'Ouilly, à 50 km au sud de Caen par les D 562 (par Thury-Harcourt-Le Hom) et D 1 (direction Falaise).

P PARKING
halles et point info tourisme

DÉNIVELÉE
altitude mini et maxi, dénivelée cumulée à la montée

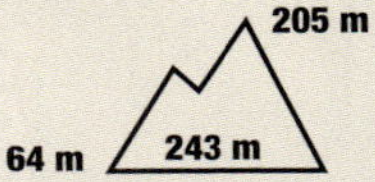

B BALISAGE
jaune

À DÉCOUVRIR...

> En chemin
- Pont-d'Ouilly : halles, stèle (au carrefour avec la D 511)
- ruines du moulin des Vaux
- le Bourg-d'Ouilly : église Saint-Jean-Baptiste XIXe
- point de vue

> Dans la région
- Pont- d'Ouilly : confluent de l'Orne et du Noireau, centre d'activités de pleine nature, site du pont et du barrage, jardin public, église Sainte-Thérèse XXe (rosace représentant des scènes de la vie quotidienne), points de vue.
- chapelle Saint-Roch (peintures murales 1933-1934) sur la D 1, à l'est du Bourg-de-Saint-Marc.
- sites remarquables des roches d'Oëtre et du méandre de Rouvrou.

SPORTS ET LOISIRS

CLÉCY, CAPITALE DU SPORT

ESCALADE AUX ROCHERS DES PARCS / PHOTO D.G.

Clécy bénéficie d'un site exceptionnel au bord de l'Orne et au pied de parois rocheuses culminant à 171 m. De nombreux hébergements et une base de loisirs permettent à tous, individuellement ou en groupe, de pratiquer des activités de pleine nature : canoë-kayak, paddle, escalade, parapente, VTT, course d'orientation, raid nature, tir à l'arc, randonnée, golf, pêche, équitation. Le site d'escalade de Clécy est classé parmi les plus importants du nord de la Loire.

Une via ferrata permet à tous les amateurs de sensations fortes de marcher au-dessus d'à-pics vertigineux. Une tyrolienne géante de 400 m reliant les rochers de la Cambronnerie au viaduc et un circuit de luge d'été de 650 m complètent l'offre sportive.

Pain de Sucre et rochers des Parcs

22

3h15
9km

Clécy, Le Vey et Saint-Omer sont des hauts lieux de tourisme nature. Le circuit visite les sites de vol libre et d'escalade. Depuis la route des Crêtes et les chemins surplombant l'Orne, la vue est saisissante.

FOUGÈRE AIGLE / DESSIN P.R.

1 Monter par la route à gauche de l'église, puis par le sentier à gauche. Il s'élève à flanc dans le bois pour atteindre le Pain de Sucre [> 171 m ; vue sur Clécy et la boucle de l'Orne].

2 Descendre, suivre le chemin à gauche sur quelques mètres, puis tourner à droite. Au niveau du gros arbre, monter le chemin à gauche. Gravir la route à droite et emprunter la route des Crêtes à droite [> en traversant le parking, accès à droite au site de vol libre et à la piste d'envol]. Continuer sur la petite route jusqu'à un embranchement.

> Variante du Physicien (circuit de 5 km) : descendre par le large chemin à droite. Il ramène au Vey.

3 Continuer par la route. Au bout, descendre par le chemin de droite. Au carrefour de Sourdeval, monter par le chemin à gauche, puis rester à droite et traverser Le Haut-du-Vey. Monter à gauche par la D 133a sur 75 m, puis descendre à droite par la petite route qui franchit la combe et remonte au carrefour de la Bruyère.

4 Prendre la route à droite sur 50 m, puis le chemin de terre à droite en direction des rochers des Parcs. Il devient sentier au bord des falaises (**⚠ > prudence !**) [> vue sur la vallée de l'Orne et sur les hauteurs de la Suisse Normande]. Après les rochers d'escalade, descendre par le sentier caillouteux. Passer sous la voie ferrée et, face au camping, suivre la route à droite. Emprunter la D 133a à droite, repasser sous la voie ferrée et regagner l'église du Vey.

CLÉCY VUE DU SITE DE VOL LIBRE / PHOTO D.G.

S SITUATION
Le Vey, à 40 km au sud de Caen par les D 562 et D 133a (via Clécy)

P PARKING
église (ou mairie sur la D 133a)

/ DÉNIVELÉE
altitude mini et maxi, dénivelée cumulée à la montée

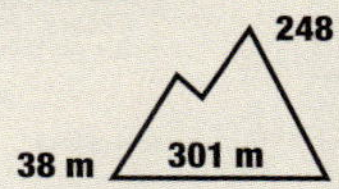

B BALISAGE
jaune

! DIFFICULTÉ !
- parcours au bord des falaises après **4**
- prévoir des bâtons de marche

À DÉCOUVRIR...

> En chemin
- Le Vey : église en partie médiévale et XVIIIe
- points de vue sur la vallée de l'Orne
- Pain de Sucre
- rochers de la Houle
- sites de vol libre
- rochers des Parcs

> Dans la région
- Clécy : église XIXe, maisons XVIIIe, manoir de Placy XVIe, musée Hardy (peintures), musée du Chemin de Fer miniature, musée de l'Abeille
- via ferrata des Rochers de la Cambronnerie
- Thury-Harcourt-Le Hom : vestiges du château XVIIe

GÉOLOGIE

LES SOUS-SOLS DE LA SUISSE NORMANDE

Géologiquement, le Calvados est constitué de deux ensembles : au nord-est, le Bessin, la Plaine de Caen et de Falaise font partie du Bassin Parisien, au sud-ouest le Bocage constitue l'extrémité du Massif Armoricain.

La Suisse Normande, partie la plus élevée de cet ensemble date du précambrien, avant l'ère primaire. Son sous-sol est constitué principalement de granites, de grès et de schistes, parmi les roches les plus anciennes de la terre.

Autrefois massif montagneux élevé, elle s'est usée au cours des temps, mais présente encore un relief accentué par le creusement des vallées, dont l'Orne est le plus bel exemple. Ce fleuve, en se heurtant à des matériaux très durs a constitué des falaises dont Clécy et Saint-Omer présentent de beaux témoignages.

BUTTES ET VALLÉE DES VAUX / PHOTO D.G.

Des **montagnes** en **Normandie** ?

Le circuit contourne le mont du Père, passe de ruisseaux en collines, de balcons en raidillons pour offrir des vues lointaines. Nous sommes bien en Suisse Normande !

1 De l'église, rejoindre et prendre la D 133 à droite sur 50 m, puis la route à gauche.

2 Au carrefour, emprunter le chemin de droite sur 1,3 km. Traverser la D 133 à droite et continuer par la route de desserte du Mesnil. Dans le hameau, tourner à droite et descendre par le large chemin. À mi-pente, virer à gauche et Déboucher dans la vallée des Vaux.

3 Suivre le chemin qui longe la vallée à droite sur 800 m jusqu'à l'embranchement à droite.

> Variante (boucle de 8,5 km) : monter à droite et suivre le GR® de Pays *Tour de la Suisse Normande* pour rejoindre Saint-Omer.

4 Continuer en face. Le chemin tourne à gauche, passe le ruisseau et monte à l'entrée de la Courrière. Prendre la route à droite sur 1,2 km. Au carrefour du Bas Val, monter à gauche, dépasser les Hauts Vents et poursuivre par le chemin qui vire à droite puis à gauche.

5 À l'orée du bois, prendre le chemin à droite. À la fourche, descendre par le chemin à droite, puis par la route à droite et traverser le Mesnil Grain. Dans le virage, continuer en face par le chemin qui se faufile entre les maisons et poursuivre tout droit (⚠ **> prudence en montant les dalles !**). En haut, monter encore par le chemin à droite et gagner un carrefour [👁 > un sentier descend à la source Saint-Clair]. Tourner à droite, passer la chapelle Saint-Clair (privée).

6 Suivre la D 133 à droite sur 125 m et, à la fourche, rester à droite sur la D 133 sur 450 m. Emprunter le chemin à gauche vers la Guérardière sur 100 m, tourner à droite et descendre au Mesnil. Prendre la D 168b à droite. En haut de la côte, dévaler le chemin de gauche. Parcourir la D 168b à droite sur 125 m. Gravir le chemin à gauche, puis la route en face sur 50 m.

7 Monter par le chemin à droite. Il mène au Corps-du-Sel. Gravir la route à gauche, suivre la D 133a à gauche, monter par le chemin à droite et, au bout, tourner à gauche.

8 Continuer tout droit sur 750 m.

2 Au carrefour, descendre par la route à droite et rejoindre l'église.

23

5 2 2

5h
16,5km

S SITUATION
Saint-Omer, à 35 km au sud de Caen par les D 562 et, après Thury-Harcourt-Le Hom, D 133.

P PARKING
église de Saint-Omer

DÉNIVELÉE
altitude mini et maxi, dénivelée cumulée à la montée

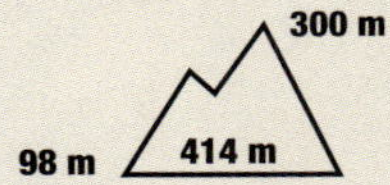

B BALISAGE
jaune

! DIFFICULTÉ !
- dalles pouvant être glissantes avant le Belvédère entre **5** et **6**
- prévoir des bâtons de marche

À DÉCOUVRIR...

> En chemin
- Saint-Omer : église remaniée au XVIIIe ; points de vue
- Le Belvédère : source et chapelle Saint-Clair privée (1680)

> Dans la région
- Saint-Omer : vestiges de l'abbaye du Val (XIIe - XVe), rochers de la Houle (site de vol libre)
- Clécy : église XIXe, maisons XVIIIe, musées Hardy (peintures), du Chemin de Fer miniature et de l'Abeille
- Condé-sur-Noireau : église Saint-Martin (chœur XIIe et XVe) ; musée Charles-Léandre ; musée de l'Imprimerie typographique

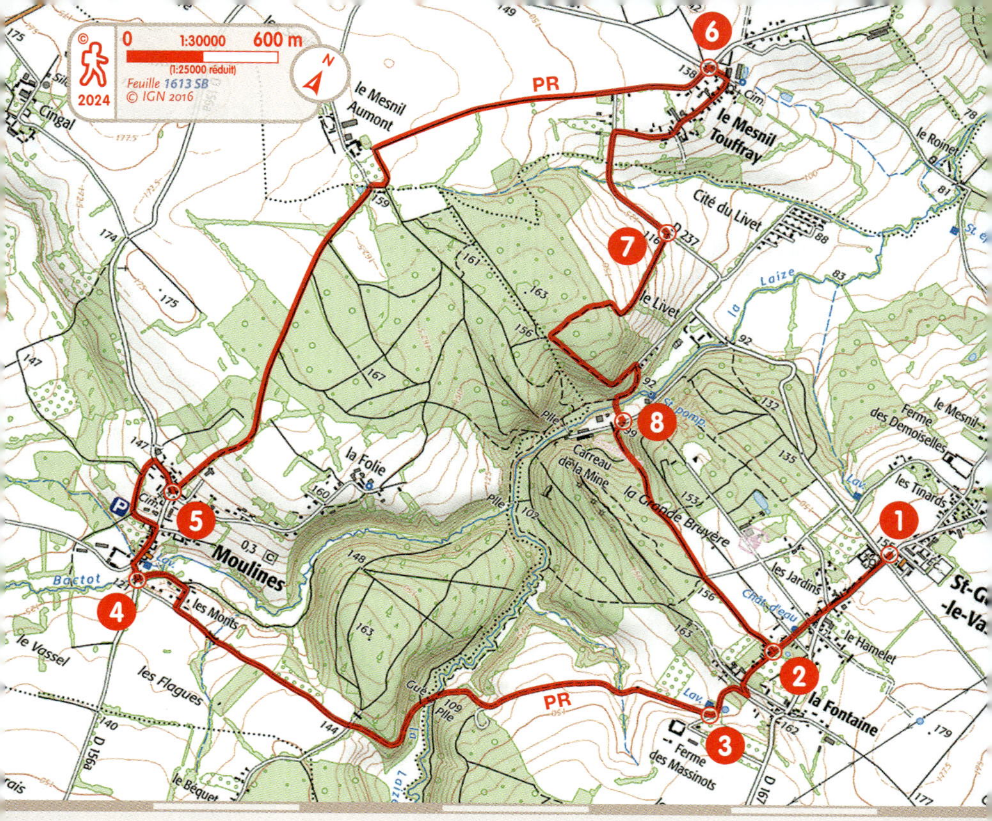

HISTOIRE

LES MINES DE FER DE SAINT-GERMAIN-LE-VASSON

Un des deux plus anciens fours à griller du département est bien visible sur le site de la mine des Fontaines. Cette mine fonctionna de 1900 à 1907 puis fut abandonnée. La mine du Livet s'ouvrit alors près de la Laize. Elle se modernisa en 1955 puis en 1975 : une descenderie routière de 3 km à très forte pente est creusée, ce qui permit d'installer une énorme foreuse multidirectionnelle. Le minerai était acheminé et fondu à la SMN (Société Métallurgique de Normandie) à Colombelles. La mine de Livet ferma en 1989. Au carreau de la mine, le musée de la Mine, tenu par l'association Mémoire de fer retrace la vie des mineurs.

GUÉ SUR LA LAIZE / PHOTO D.G.

Le **chemin** de la **mine**

Des coteaux boisés descendez au bord de la Laize où se situe le carreau de l'ancienne mine de fer. Les vestiges de l'activité industrielle y sont encore visibles.

1 S'engager dans la rue principale en direction d'Ussy, passer à droite du calvaire et continuer tout droit.

2 Poursuivre jusqu'au carrefour, traverser la rue des Dentellières, continuer en face sur 50 m et descendre à droite par la route en épingle.

3 Après le lavoir et le réservoir, s'engager sur le large chemin à droite. Il franchit un petit thalweg puis descend vers la vallée de la Laize. À Pont-Flés, près du gué, emprunter la passerelle et remonter par le chemin caillouteux. Continuer tout droit par la route de Moulines. Après la première maison, tourner à droite rue des Monts. Elle vire à gauche.

4 Prendre la D 156a à droite, passer le pont, continuer à droite rue du Moulin-à-Tan, dépasser le lavoir et la mairie et tourner à gauche chemin des Ballières. Juste avant le City Stade, s'engager à droite sur le chemin bordé de haies. Au bout, suivre la rue à droite.

5 Au croisement de l'église, prendre à gauche le chemin de terre (**⚠ > souvent humide !**). Il monte, traverse le bois et redescend doucement. Après 1,5 km, laisser à gauche le chemin de Mesnil-Aumont, se diriger à droite sur 50 m et s'engager sur le large chemin à gauche. Il vire à gauche sur le plateau, devient route et débouche au Mesnil-Touffray.

6 Au carrefour, prendre la rue de la Mine (D 237) à droite. Elle vire à droite, passe devant l'église, traverse le village et descend à gauche.

7 Monter à droite par le chemin Vert (creux). Il entre dans le bois en virant à droite puis à gauche. Descendre par le sentier rocailleux à gauche. Juste avant la rue des Chalets, dévaler le chemin herbeux à droite, tourner à gauche, franchir la passerelle enjambant la Laize [👁 > matériel minier et bief sur la Laize] et déboucher sur le carreau de la mine.

8 Près du portail d'entrée du musée de la mine, prendre le chemin du Grès-et-du-Fer montant tout droit dans le bois. Il devient caillouteux. Longer la lisière du bois. Passer le croisement de chemins [👁 > à gauche, vestiges de fours à griller] pour retrouver le chemin de l'aller.

2 Rejoindre à gauche la mairie.

AIL DES OURS / DESSIN P.R.

24

3h
12,5km

S SITUATION
Saint-Germain-le-Vasson, à 25 km au sud de Caen par la D 158 (sortie Grainville-l'Engannerie)

P PARKING
mairie

DÉNIVELÉE
altitude mini et maxi, dénivelée cumulée à la montée

107 m – 175 m – 250 m

B BALISAGE
jaune

! DIFFICULTÉ !
- chemin rocailleux entre **3** et **4** (après le gué) puis entre **8** et **2**
- chemin souvent humide dans la montée après **5**

À DÉCOUVRIR...

> En chemin
- Saint-Germain-le-Vasson : carreau de la mine de Livet, vestiges des fours, église XIIIe
- Moulines : lavoir, mairie, City Stade, église XIe-XIVe-XIXe
- Le Mesnil-Touffray : église XIIIe-XVIIIe-XVIIe, lavoir

> Dans la région
- Potigny : église XIIIe, cités minières, site de la Brèche au Diable
- Soumont-Saint-Quentin : église XIIe-XIIIe, site du mont Joly (chapelle Saint-Quentin XIIIe, tombeau de Marie Joly XVIIIe)
- Bretteville-sur-Laize : église, maisons suédoises 1947-1948, église de Quilly (clocher XIe-XIIe)

GÉOLOGIE

DES GORGES FORTEMENT ENCAISSÉES

La Suisse Normande est située au point de rencontre de deux grands ensembles géologiques : les roches anciennes et dures du massif armoricain et les roches récentes et tendres du bassin parisien. Les rivières, l'Orne et ses affluents, se sont encaissées dans les roches tendres, laissant apparaître les roches dures qui forment les reliefs qui caractérisent la Suisse Normande. En faisant obstacle aux rivières, ces roches dures sont à l'origine des méandres qui, avec les rochers, forment la plupart des grands sites paysagers de la Suisse Normande que le GR® de Pays Tour de la Suisse Normande (TSN) permet de découvrir : la Roche d'Oëtre, les rochers des Parcs à Clécy ou les gorges de Saint-Aubert (61).

LA VALLÉE DE L'ORNE / PHOTO C.D.

La **vallée** de l'**Orne**

Au nord de Thury-Harcourt-Le Hom, la vallée de l'Orne est très pittoresque. Ce circuit invite à découvrir une partie de la rive droite qui domine le fleuve et la rive gauche qui le longe.

1 Du parking, traverser la voie ferrée, la petite route et monter, presque en face la rue du Hom.

2 Dans le virage, continuer à droite par la rue de la Queue-du-Renard. Gagner, à droite, le belvédère.

3 Continuer par la route en face. Monter la D 121b à gauche et descendre la D 121 à gauche. Avant Saint-Silly, dévaler le chemin à droite et poursuivre à flan sur 800 m. Grimper à droite par le sentier à travers bois. En haut, descendre par le chemin à gauche. Avant d'arriver en bas, au niveau du belvédère, trouver à gauche le sentier peu visible et escarpé. Après la passerelle, prendre à droite le chemin herbeux, tourner deux fois à gauche et emprunter le chemin à droite. Contourner la ferme et utiliser à gauche la route des Hameaux.

4 À la fourche, continuer par la route à droite. Prendre le chemin à gauche. Après le virage à droite, descendre à gauche, franchir le ruisseau, poursuivre à gauche **(⚠ > nombreux chemins)** et longer la voie ferrée. Passer le ru et monter en face.

5 À Brieux, tourner à gauche. Descendre tout droit puis, par la D 171 à gauche. Franchir l'Orne sur le pont de Brie.

6 Suivre la route à gauche. Dans le virage, prendre le sentier à gauche. Au Bosq-d'Aulne, descendre à gauche. Le chemin longe la vallée. Passer Le Val-Roy et gagner le confluent du Cropton.

7 Remonter le vallon à droite. Prendre la D 212 à gauche sur 120 m, puis le chemin à droite le long du Cropton.

8 Tourner à gauche et monter par le chemin. Au carrefour, prendre la route en face sur 20 m [👁 > chapelle] le chemin à gauche sur 25 m et le chemin à droite. Il passe entre des bâtiments et descend en sous-bois jusqu'à une intersection peu visible.

> Par la sente peu visible à droite, accès à la table d'orientation.

9 Poursuivre la descente **(⚠ > prudence !)** et franchir les ponts à droite. Prendre la D 121 à gauche sur 200 m, puis la petite route montant à droite. Descendre par le chemin de la Libération.

2 Par l'itinéraire de l'aller, regagner la gare.

25

5 · 4 · 3

5h
17km

S SITUATION
Thury-Harcourt-Le Hom, à 30 km au sud de Caen par la D 562

P PARKING
ancienne gare, près du pont sur l'Orne

DÉNIVELÉE
altitude mini et maxi, dénivelée cumulée à la montée

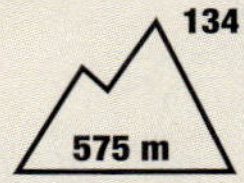

B BALISAGE
jaune

! DIFFICULTÉ !
- montée raide dans le bois entre **3** et **4**
- descente raide après **9**
- prévoir des bâtons de marche

À DÉCOUVRIR...

> En chemin
- Thury-Harcourt-Le Hom : vues sur le château, le bourg et la vallée
- belvédère du Souvenir
- Croisilles : vues, manoir du Breuil XVe et XVIe
- site de la boucle du Hom et table d'orientation

> Dans la région
- Thury-Harcourt-Le Hom : vestiges du château XVIIe, chapelle XVIIIe, pavillons, église (façade XIIIe)
- Clécy : vallée de l'Orne, sites et rochers
- Forêt de Grimbosq (parc animalier, arboretum, motte castrale d'Olivet)
- Caen : cité historique riche en monuments et musées

ENVIRONNEMENT

La forêt domaniale de Valcongrain

Pendant des millénaires jusqu'au Moyen Âge, la Normandie était couverte d'un manteau forestier quasi-continu. Aujourd'hui les espaces boisés du Calvados avoisinent 9 % du territoire départemental. Les forêts domaniales couvrent 4 200 ha pour une surface forestière de 48 650 ha.

Bois du Mont d'Ancre / Photo D.G.

À 50 km de Caen, la forêt de Valcongrain (380 ha), devenue domaniale en 1985, enchante les promeneurs par ses cours d'eau, ses chemins creux et son petit caractère montagnard dû à un relief accentué.

Elle abrite une butte d'origine romaine et bénéficie d'une multitude de chemins ruraux balisés.

Elle répond aux soucis de la préservation de la bio-diversité, au développement des feuillus (chênes et hêtres) et alimente la filière bois.

Sous le **mont** d'**Ancre**

La vallée du Vingt-Bec, bordée de bois présente un aspect presque montagnard qui justifie le nom de Suisse Normande donné à cette région.

1 Du parking, aller à gauche sur 20 m et descendre par le chemin à droite. Après l'étang, bifurquer à gauche. Le chemin gravit le coteau. Couper la D 36 et poursuivre par la route en face sur 200 m.

2 Continuer tout droit par le chemin, passer à droite du bâtiment agricole et descendre par la route à droite. Couper la D 6 et suivre le chemin en face entre les herbages. Au bout, tourner à droite et monter dans le bois du Mont-d'Ancre.

3 En haut, parcourir à droite le large chemin en sous-bois sur 1 km. Au carrefour de trois chemins, descendre à droite jusqu'à la barrière.

4 Remonter à gauche, puis suivre à droite le large chemin en sous-bois. Le quitter pour descendre à droite et franchir le gué.

5 Descendre par la route à droite, prendre la D 6 à droite sur 100 m, puis s'engager à gauche sur le sentier qui longe la vallée sur 1,4 km.

6 Au carrefour de chemins en contrehaut de Valcongrain, continuer en face par le chemin en sous-bois sur 2 km. Il domine le ruisseau Vingt-Bec. Au bout, franchir le gué.

⚠ **> Le ruisseau du Vingt-Bec a fait l'objet d'un arrêté de protection de biotope, afin de protéger les écrevisses à pattes blanches. Ne pas marcher dans le ruisseau et le franchir uniquement au gué.**

7 Après le gué, prendre le sentier à gauche. Il remonte le vallon sur 700 m. Atteindre un embranchement.

> Variante du Poirier (boucle de 12 km) : monter à droite.

8 Descendre par le sentier à gauche. Il longe ensuite le ruisseau sur 1,6 km (⚠ **> chemin humide ; gué !)** Ignorer le chemin à gauche et continuer à remonter le vallon. Longer la clôture grillagée d'une propriété privée. Au niveau de son entrée, virer à droite, traverser Le Quesnay et suivre la D 121 à droite sur 150 m. Après la dernière maison [👁 > point de vue sur le mont d'Ancre, 334 m], prendre le chemin à droite.

9 Au croisement de chemins, continuer en face. Prendre la route à gauche sur 10 m, puis descendre par la D 36 à droite pour revenir à Hamars.

26

3h45
13,5km

S SITUATION
Hamars, à 35 km au sud-ouest de Caen par les D 562, D 6 et D 36

P PARKING
église

/ DÉNIVELÉE
altitude mini et maxi, dénivelée cumulée à la montée

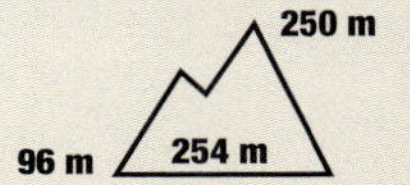

B BALISAGE
jaune

! DIFFICULTÉ !
- gué avant **7**
- chemin humide et gués en période pluvieuse après **8**

À DÉCOUVRIR...

> En chemin
- Hamars : église XVIIIe (mobilier religieux XVIIIe)
- maisons bocaines

> Dans la région
- La Vallée (commune de Hamars) : stèle et allée des Aviateurs (1944)
- Thury-Harcourt-Le Hom : parc du château
- château de Pontécoulant
- vallée de l'Orne : rochers de Clécy
- forêt de Grimbosq (parc animalier, arboretum, motte castrale d'Olivet)

PATRIMOINE

Le château de Pontécoulant

Propriété du département du Calvados depuis 1908, le château de Pontécoulant était depuis le XIVe siècle la demeure de la famille Doulcet de Pontécoulant. Dans l'impossibilité d'en assurer l'entretien, la famille a cédé sa demeure au domaine public.

Le château actuel date du XVIe siècle et a été agrandi au XVIIIe. Il abrite un mobilier remarquable. On peut le visiter de mars à novembre.

La façade principale de l'édifice s'ouvre sur une vaste pelouse ornée de deux pavillons symétriques.

Le site est inscrit au pré-inventaire des jardins remarquables. Un parc, une cascade, un potager, des terrasses, des murs et de belles allées et bosquets permettent d'agréables promenades publiques autour du château.

Château de Pontécoulant / Photo D.G.

Pontécoulant et le Cresme

Dans cette région de vallées encaissées et de bois pentus, le vallon du Cresme a un petit air montagnard. Un paysage grandiose et varié s'offre au randonneur.

1 Sortir du parking et s'engager à gauche sur le large chemin qui monte dans le bois. Franchir le ruisseau, virer à gauche, laisser le chemin à droite et continuer à flanc.

2 À l'intersection, monter par la sente à droite dans le sous-bois. En haut [👁 > point de vue], tourner à gauche, descendre, couper l'allée et descendre par le chemin presque en face.Il vire à gauche (**⚠ > bien suivre le balisage)**. Rester sur ce large chemin rectiligne sur 1 km. Il devient sentier.

> Variante pour rejoindre directement 7 (boucle de 6,5 km).

3 Descendre par la route à gauche, emprunter le chemin à gauche et franchir la passerelle. Couper la D 166, continuer, traverser la route et monter par le chemin ombragé à gauche.

4 Suivre la route à droite, monter par la route à gauche sur 100 m, puis prendre à droite le chemin des Hauts Champs. Continuer par le chemin qui dévale la pente puis vire à gauche et longe la vallée du Cresme. Atteindre une intersection avant la D 166b.

> Accès à la Pierre Druidique : gravir le chemin à gauche sur 200 m et tourner à gauche pour gagner le site [👁 > panorama et rochers].

5 Emprunter D 166b à droite, franchir le pont Becquerel et monter la côte (**⚠ > prudence !)**. Tourner à droite vers La Quartrée et longer le centre équestre.

6 Continuer par le chemin à droite [👁 > panorama]. Prendre la D 166 à droite. Après la dernière maison de gauche, descendre par le chemin à gauche (**⚠ > chemin humide et dalles souvent glissantes)**.

7 Au bout, dans la vallée, tourner à gauche et franchir le gué. Poursuivre par le chemin [👁 > fleuri] qui remonte le vallon.

8 Monter par la route à droite [👁 > avant la ferme, vue à gauche sur le château d'Orbigny]. Traverser le Bosq-Brunet, [👁 > point culminant du circuit ; point de vue]. Couper la route, continuer et passer le Bosq-Hamon.

9 Dans le virage, descendre à droite par le chemin ombragé [👁 > vue sur le colombier]. Suivre la D 298 à droite sur le large accotement herbeux [👁 > vue sur le château] pour regagner le parking.

27

4 — 3 — 3

3h15
11,5km

S SITUATION
Pontécoulant, à 35 km à l'ouest de Falaise par les D 511, D 1, D 562 et, à Condé-sur-Noireau, D 105

P PARKING
château, à 1 km au nord du bourg par la D 298

/ DÉNIVELÉE
altitude mini et maxi, dénivelée cumulée à la montée

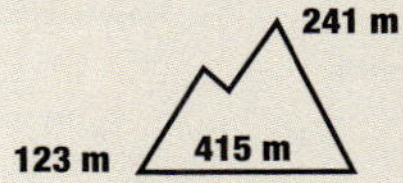

B BALISAGE
jaune

! DIFFICULTÉ !
- chemin humide et dalles glissantes avant **7**
- gué après **7**
- prévoir des bâtons de marche

À DÉCOUVRIR...

> En chemin
- Pontécoulant : château XVIe-XVIIIe (musée départemental : mobilier ; parc ouvert à la visite)
- flore abondante en saison (jonquilles, jacinthes, ail des ours)
- points de vue

> Dans la région
- Condé-sur-Noireau : église Saint-Martin XIIe-XVe, musée Charles Léandre, musée de l'Imprimerie typographique
- Le Plessis-Grimoult : abbaye (privée), mont Pinçon (panorama)
- sites rocheux de Clécy

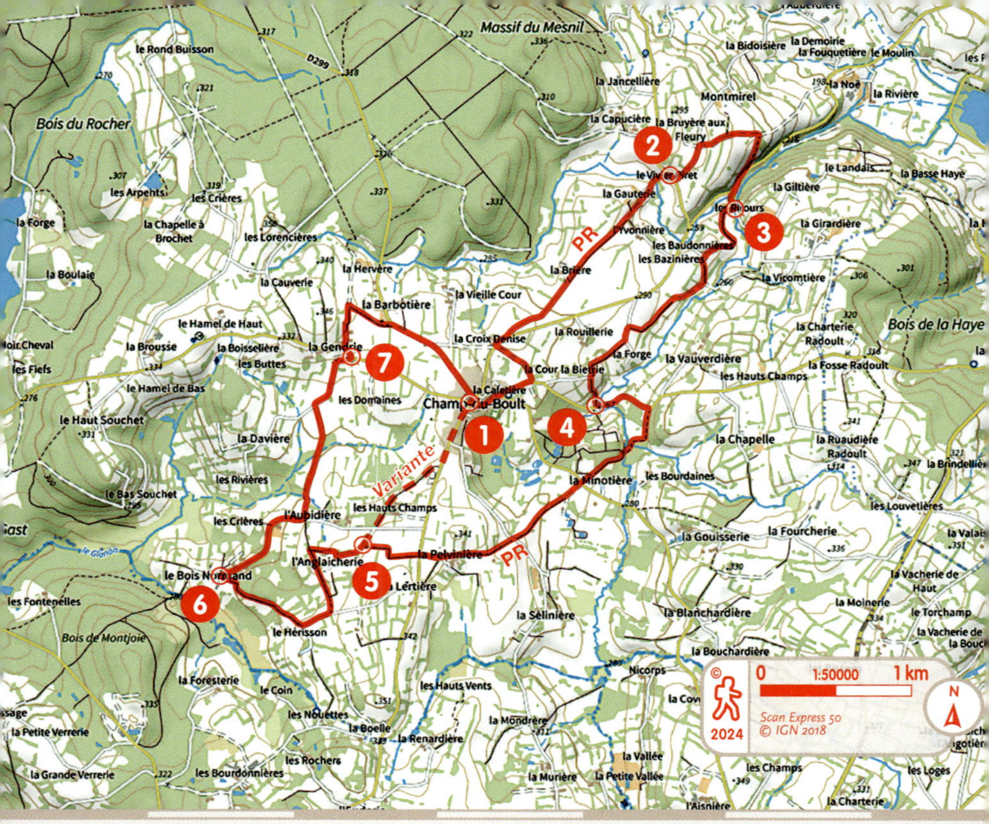

TECHNIQUES

Le papier-chiffon des Ritours

Canaux des Ritours / Photo D.G.

Aux Ritours, des vestiges de l'industrie papetière sont visibles : moulins, auges à maillets, dalle d'une presse à papier, pourrissoirs, vannes, canalisations, biefs sur la Dathée, ainsi que les ruines de bâtiments de stockage. La « police de l'eau » est encore en vigueur.

Dès le XVIIe siècle, les hommes récoltent des chiffons de coton, de lin et de chanvre. Les chiffons pourris et défibrés sont martelés par des maillets cloutés actionnés par la force hydraulique. La pâte obtenue est mise dans des formes et, après plusieurs pressages puis séchage, elle donne des feuilles. L'encollage des fibres permet au papier d'être plus rigide et de supporter l'écriture. Le XIXe siècle voit la fin de cet artisanat.

La **vallée** de la **Dathée**

Des chemins creux bordés de palets, des herbages avec des boeufs (boules de granit), des vestiges de moulins sur la Dathée témoignent de l'exploitation du granit et d'une ancienne industrie papetière.

1 De l'église, descendre par la D 299. À la fourche, continuer à gauche par la D 302 sur 250 m, puis emprunter la petite route à gauche. À la croix Denise, prendre la D 150 à droite, puis la route de La Brière à gauche. Poursuivre par le chemin [> points de vue] puis par la route de La Gauterie à droite.

2 Au Vivier-Piret, emprunter la D 185 à droite sur 50 m et la route à gauche. Avant La Bruyère-aux-Fleury, descendre par le chemin à droite [> points de vue] sur 400 m, puis tourner à droite. Prendre la D 150 à droite, puis la route à gauche. Elle mène aux Ritours [> ancien site papetier.]

3 Après la dernière maison à droite, s'engager à droite sur le chemin bordé de palets [> plaques de granit]. Au bout, tourner à gauche, ignorer le chemin à gauche, le chemin à droite et prendre la route à gauche [> panorama] sur 90 m. Partir sur le chemin à droite [> points de vue]. À La Biétrie, descendre par le chemin à gauche.

4 À la croix, prendre la D 302 à gauche et, dans le second virage, le chemin à droite. Couper la D 299, la petite route [> croix et oratoire], la D 150 et déboucher sur la route de L'Anglaicherie.

> Variante (circuit de 10 km) : prendre la route à droite pour regagner Champ-du-Boult.

5 Emprunter la route à gauche. Dans le virage, partir à droite. Au T, suivre le chemin à gauche, puis la route à droite. Au Hérisson, dans le virage, suivre le chemin à droite et arriver au Bois-Normand.

6 Prendre la route à droite [> après le bois, observer les boeufs : boules de granit]. À la croix de l'Aubidière, s'engager sur le chemin à gauche, franchir tout droit le vallon, puis suivre la route à droite.

7 À la croix de la Gendrie, emprunter la D 302 à gauche sur 100 m. Dans le virage, tourner à droite et prendre le chemin à droite. Poursuivre par la D 299 à droite et, au carrefour, virer à droite puis à gauche pour retrouver l'église.

CHEMIN DESCENDANT DE LA GAUTERIE / PHOTO D.G.

3h45
14km

S SITUATION
Champ-du-Boult, à 13 km au sud-ouest de Vire par la D 150

P PARKING
place de l'Église

DÉNIVELÉE
altitude mini et maxi, dénivelée cumulée à la montée

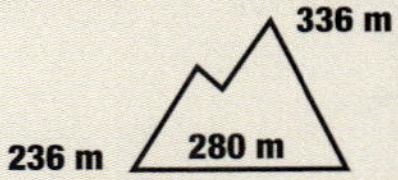

B BALISAGE
jaune

À DÉCOUVRIR...

> En chemin
- Champ-du-Boult : église (retable et poutre de gloire XVIIIe)
- croix au socle historié
- boeufs (boules de granit) et pilets (poteaux en granit sur lesquels sont fixées les barrières)
- anciens moulins à papier

> Dans la région
- Vire : étape gastronomique, donjon, porte de l'Horloge, églises, musée
- Saint-Sever : abbaye, forêt domaniale, parc animalier

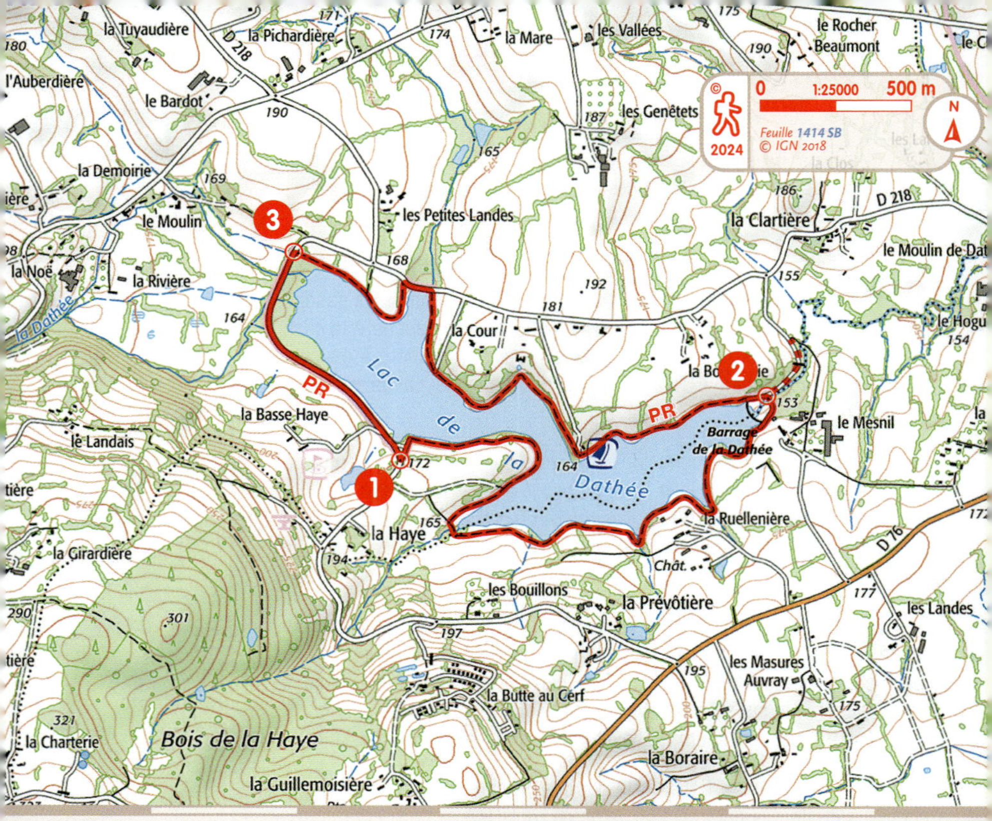

SPORTS ET LOISIRS

LE JEU DE QUINTAINE

Au Moyen Âge, la quintaine désigne le poteau surmonté d'un mannequin de bois ou de paille grandeur nature monté sur un pivot. Ce dispositif est principalement destiné à entraîner les chevaliers. Le cavalier monté sur son destrier, arrive au galop, frappe la cible. Le bras articulé tourne et décoche un violent coup. La masse doit être esquivée par l'effacement du chevalier qui se couche sur l'encolure du cheval. Les moins vifs peuvent aussi parer le coup avec leur propre bouclier. S'il manque la cible ... rien ne se passe, hormis les huées ou les moqueries des spectateurs. La quintaine et ses variantes deviendront des jeux d'adresse. Ce poteau de quintaine est l'unique exemplaire en Basse-Normandie.

LE POTEAU DE QUINTAINE / PHOTO D.G.

Le **lac** de la **Dathée**

29

2h
6km

Ce lac artificiel, créé pour l'alimentation en eau de l'agglomération viroise, est devenu un lieu de promenade familiale et de loisirs nautiques. Ses rives abritent aussi une réserve ornithologique.

1 Du parking, descendre au bord du lac et tourner à droite le long du lac. Le chemin serpente en bordure de la rive et mène au barrage. Descendre à droite en contrebas de l'ouvrage.

> La voie à droite conduit au poteau de quintaine puis au parking du barrage, à 250m [> Le muret est constitué de palets : plaques de granit typiques du bocage virois, utilisées pour clore les herbages].

CANARD COLVERT / DESSIN P.R.

2 Tourner à gauche, longer la rive nord du lac, dépasser la base nautique et continuer. Emprunter la D 216 à gauche sur 125 m et poursuivre par le chemin de gauche pour rester au bord du lac. Le chemin côtoie la réserve ornithologique.

3 S'engager à gauche sur le sentier parallèle à la petite route. Il ramène au parking.

LAC DE LA DATHÉE, CÔTÉ RÉSERVE ORNITHOLOGIQUE / PHOTO D.G.

S SITUATION
Saint-Manvieu-Bocage, rive sud du lac de la Dathée à 8,5 km au sud-est de Vire par la D 76 puis une petite route à droite (fléchage « Golf »)

P PARKING
parking du golf

DÉNIVELÉE
altitude mini et maxi, dénivelée cumulée à la montée

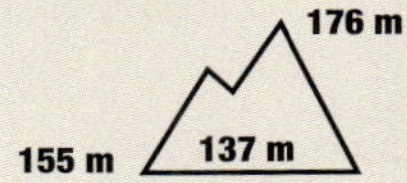

B BALISAGE
jaune

À DÉCOUVRIR...

> En chemin
- barrage
- poteau de quintaine
- palets en granit
- centre nautique
- réserve ornithologique

> Dans la région
- Vire : étape gastronomique, donjon, Porte-Horloge, églises, musée
- Saint-Sever : abbaye, forêt domaniale, parc animalier

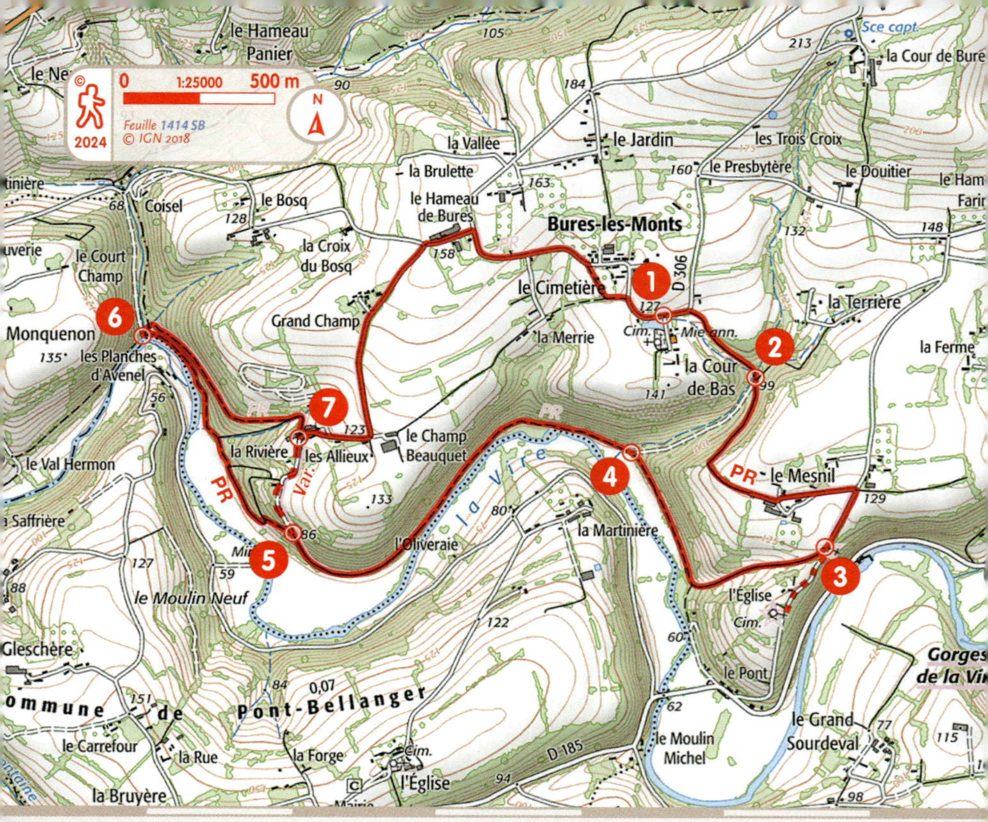

La Vire

La Vire à Pont-Farcy / Photo D.G.

Ce fleuve côtier de 128 km de long prend sa source au point de rencontre des trois départements normands de la Manche, du Calvados et de l'Orne, dans le Massif Armoricain à 308 m d'altitude, non loin de la ville de Vire.

Il coule en direction du nord-est, avant de se jeter en mer de la Manche dans la Baie des Veys, près d'Isigny.

Autrefois navigable, pourvu au XIXe siècle d'un chemin de halage et d'un système d'écluses entre Pont-Farcy et la mer, il est devenu un cours d'eau favorable aux activités de loisirs. Longé par des chemins de randonnée aux points de vue remarquables, parcouru par des canoës et des kayaks, il est remonté par de nombreux poissons migrateurs et fréquenté par les pêcheurs sportifs.

Les gorges de la Vire

DIGITALE POURPRE / DESSIN P.R.

Le cours de la Vire est très changeant, lent et sinueux au milieu des prairies, rapide et fougueux au pied des parois de granit.

1 Du parking sur la D 306, face à l'étang, partir à gauche en direction Malloué et Campeaux. Dans le virage, s'engager sur le chemin à droite.

2 Dans le vallon, au carrefour des chemins, monter en face par le large chemin. Il arrive sur le plateau et vire à gauche. Traverser le Mesnil et descendre la route à droite jusqu'à la croix [👁 > fût avec coquilles Saint-Jacques].

> En face, la route mène à l'église de Malloué, à 250 m.

3 Descendre le chemin de droite [👁 > emprunté autrefois par les pèlerins]. En bas, tourner à droite et longer la Vire.

4 Continuer à gauche, franchir le gué sur l'affluent et longer la Vire. Escalader les dalles glissantes et passer le ruisseau de la Merrie à gué. Le large chemin caillouteux s'élève jusqu'à une intersection en sous-bois.

> Variante en cas de hautes eaux ou pour éviter le sentier escarpé : poursuivre la montée à droite et gagner La Rivière (boucle de 6,3 km)

5 Bifurquer à gauche, puis descendre et longer à nouveau la vallée de la Vire. Ignorer deux chemins à droite. Le sentier devient escarpé puis arrive au niveau de la Vire.

6 Avant la passerelle sur le ruisseau, monter par le chemin de droite sur quelques mètres puis, au carrefour, continuer l'ascension par le chemin de droite. Ignorer un chemin peu dégagé descendant à droite et déboucher au coin d'une maison de La Rivière, sur la route.

7 Monter la route de desserte du hameau. Au Champ-Beauquet, elle vire à gauche. Prendre la D 306 à droite. Elle tourne à droite. Laisser la route de la Merrie à droite, puis descendre par le chemin à droite et tourner à gauche. Reprendre la D 306 à droite jusqu'au parking.

VILLAGE DE BURES-LES-MONTS / PHOTO F.G.

30

3 · 2 · 2

2h50
7,5km

S SITUATION
Bures-les-Monts à 22 km au nord de Vire par les D 674 et D 306

P PARKING
D 306, face à l'étang

DÉNIVELÉE
altitude mini et maxi, dénivelée cumulée à la montée

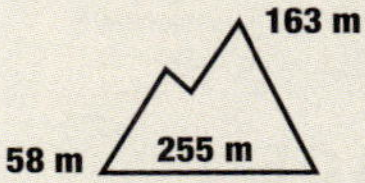

B BALISAGE
jaune

! DIFFICULTÉ !
- circuit impraticable en période de hautes eaux entre **5** et **6** (utiliser la variante).
- deux gués après **4**
- sentier escarpé avant **6**
- prévoir des bâtons de marche

À DÉCOUVRIR...

> En chemin
- Bures-les-Monts : église en partie romane (autel XVIIIe, fonts baptismaux en granit, pupitre en granit dans le cimetière) ; château en cours de restauration (privé, extérieur visible)
- Malloué : croix de chemin avec coquilles, église XVIIe-XVIIIe (riche ensemble religieux XVIe-XVIIe-XVIIIe, dalles funéraires)

> Dans la région
- Vire : donjon, porte de l'Horloge, églises, musée
- vallée et viaduc de la Souleuvre • Saint-Sever : forêt domaniale, abbaye, parc animalier

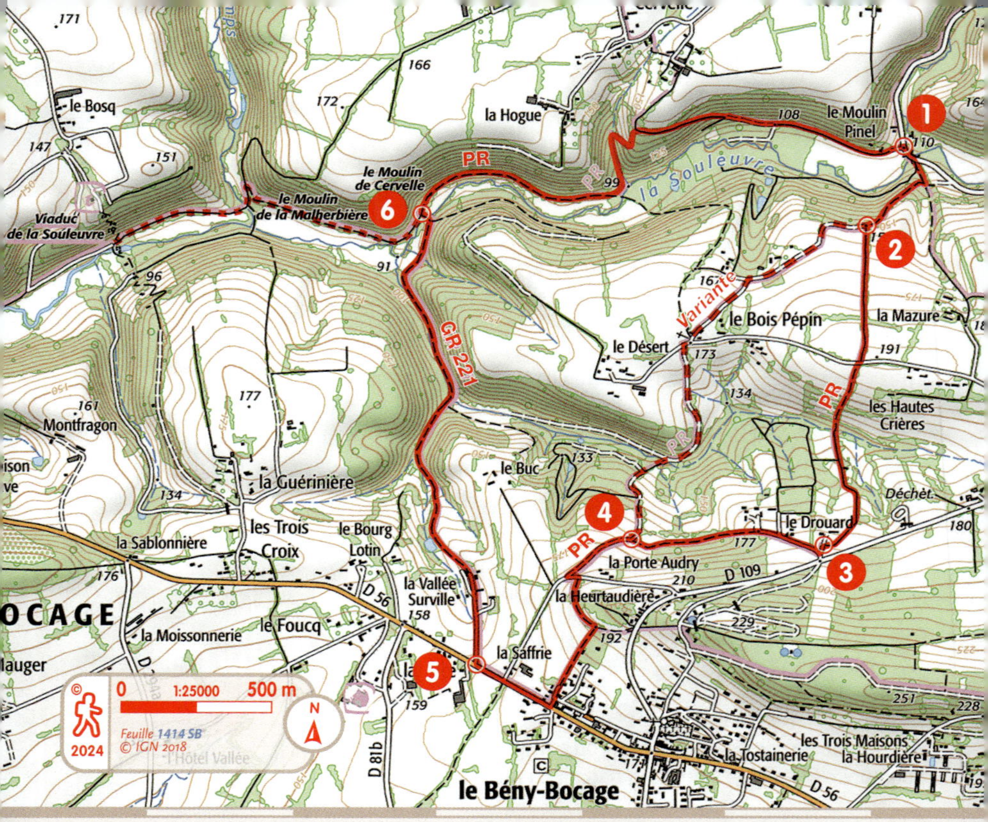

PATRIMOINE

LE VIADUC DE LA SOULEUVRE

La Souleuvre, affluent de la Vire, présente une vallée très encaissée. Sa traversée par la ligne de chemin de fer de Caen à Vire a nécessité la construction d'un viaduc en 1887. Bâti selon des plans de Gustave Eiffel, long de 364 m, haut de 62 m, il est soutenu par cinq piliers en granit. Malgré des dégâts dus aux bombardements de la dernière guerre, il présente toujours fière allure. La fermeture de la ligne de chemin de fer en 1970 condamne l'ouvrage à la démolition, mais les habitants de la région se battent pour le conserver. Un centre de saut à l'élastique est d'abord fondé. Ce lieu devient un parc de loisirs pour sensations fortes avec tyrolienne, balançoire géantes, luge, accrobranche etc.

VIADUC DE LA SOULEUVRE / PHOTO D.G.

La vallée de la Souleuvre

31

2h45
7km

Par les collines et les vallées profondes du bocage virois, ce circuit permet la découverte de paysages variés, de vastes panoramas et d'un viaduc Eiffel, témoin du développement économique au XIXe siècle.

1 Du parking [👁 > aire de pique-nique, petit abri couvert, arboretum], rejoindre la D 109, franchir le pont sur la Souleuvre, monter par le chemin à droite sur 100 m et prendre le chemin à droite jusqu'à la bifurcation.

> Variante pour éviter la descente raide : continuer par le chemin à droite qui passe par le Bois Pépin pour rejoindre 4.

2 Monter par le chemin à gauche [👁 > points de vue], couper la route et dévaler le chemin raide et rocheux. Franchir le ruisseau et remonter par le chemin moins pentu en face.

NARCISSE DES POÈTES / DESSIN P.R.

3 Au niveau de la ferme, se diriger à gauche sur 30 m, puis suivre la petite route à droite. Elle se prolonge en chemin et mène à un croisement.

4 Continuer par le chemin à gauche. Emprunter la petite route à gauche sur 20 m, puis le chemin à droite [👁 > points de vue]. Descendre par le chemin à droite. Suivre la D 56 à droite (**⚠ > prudence !**), ignorer la route à droite.

5 S'engager à droite sur la route de desserte de La Vallée-Surville. Descendre par le chemin en sous-bois en bordure du ruisseau (**⚠ > gués selon la saison**). En bas, il vire à droite puis à gauche et atteint le pont sur la Souleuvre. Le franchir et arriver à une intersection.

> Aller-retour au viaduc de la Souleuvre : continuer à gauche dans la vallée. Au T, virer à gauche, puis franchir le Roucamps à droite. Le chemin longe la vallée de la Souleuvre et mène au viaduc (2,5 km et 45 min aller-retour).

6 Suivre la vallée à droite. Monter par le chemin très humide le long d'un affluent sur 150 m, tourner à droite et gravir la pente raide pour accéder au plateau. Emprunter le large chemin à droite. Il descend en pente douce et ramène au parking.

S SITUATION
Le Tourneur, à 18 km au nord de Vire par les D 577, D 298 et D 109

P PARKING
Le Moulin-Pinel, à 1 km au sud du village par la D 109 °

DÉNIVELÉE
altitude mini et maxi, dénivelée cumulée à la montée

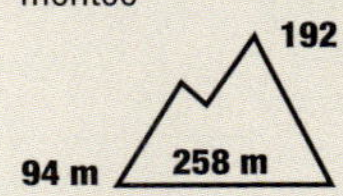

B BALISAGE
jaune

! DIFFICULTÉ !
- chemin humide entre **6** et **1**
- descente raide entre **2** et **3** puis montée raide entre **6** et **1** (prévoir des bâtons de marche)

À DÉCOUVRIR...

> En chemin
- viaduc de la Souleuvre (construit en 1889 par Eiffel) : base sportive privée (saut à l'élastique, balançoire géante, tyrolienne, luge)
- points de vue
- aire de pique-nique

> Dans la région
- Le Bény-Bocage, village typique du Bocage en granit (halles, église XVIIe)
- Vire : étape gastronomique, donjon, porte de l'Horloge, églises, musée
- lac de la Dathée
- Jurques : zoo

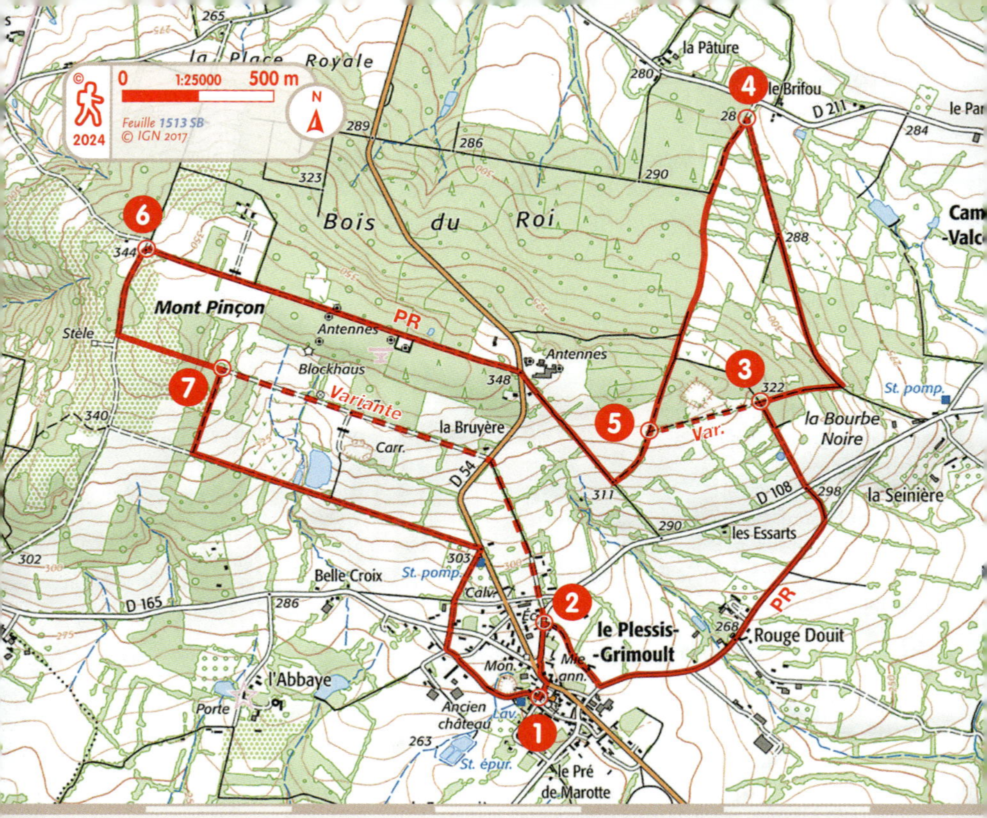

HISTOIRE

L'ANTRE DE GRIMOULT LE FÉLON

Qui voit les vestiges du château de pierre du Plessis pense au destin de celui qui fit trembler le duc Guillaume. En 1046, les barons du Bocage et du Cotentin conspirent contre le jeune Guillaume le Bâtard. Grimoult est considéré comme le pire des rebelles. L'attentat de Valognes échoue, les conjurés affrontent leur duc à Val-ès-Dunes (1047). Les barons félons sont défaits et capturés. Grimoult qui fuit vers son château fortifié du Plessis est rattrapé et emprisonné à Rouen : il est retrouvé mort dans sa cellule. Ses terres sont confisquées et attribuées à l'évêque de Bayeux. Le rempart de terre est encore couronné, en 1836, par un mur de 3 m d'épaisseur, détruit plus tard à l'explosif.

VESTIGES DU CHÂTEAU DE PLESSIS-GRIMOULT / PHOTO D.G.

Le **Mont Pinçon**

32

3h
9,2km

Ce circuit-découverte, bien documenté, permet de découvrir le point culminant du département du Calvados, par des chemins ombragés, des landes sèches et tourbeuses ainsi que des lieux chargés d'histoire.

1 Du parking, partir à l'opposé de l'église, longer la D 54 à gauche sur 50 m, puis emprunter à droite la route de Campandré-Valcongrain (D 108) sur 150 m.

> Variante n° 1 (boucle de 3,9 km) : continuer tout droit, bifurquer sur la route à gauche et monter par le chemin. Couper la D 54 et prendre l'allée en face 7.

2 S'engager à droite sur le sentier bordé de haies. Prendre à gauche la route de Rouge-Douit sur 1 km. Monter par le chemin creux à gauche, couper la D 108 et continuer par le chemin [👁 > à droite, site de la Bourbe noire (ancienne tuilerie, table de pique-nique)]. Parvenir à une croisée de chemins.

> Variante n° 2 (boucle de 7,2 km) à emprunter en période pluvieuse : prendre le chemin à gauche [👁 > camp romain (privé)] **5.**

3 Descendre à droite, puis prendre le chemin à gauche en épingle (**⚠ > passages boueux !**) sur 1 km.

4 Au bout, virer en épingle à gauche et monter tout droit par le chemin caillouteux (**⚠ > passages boueux, filets d'eau !**)sur 1,1 km.

5 Ignorer le chemin à gauche et descendre tout droit sur 200 m. Au bout, remonter à droite, longer le centre émetteur du Mont Pinçon [👁 > télévision, radio FM, téléphonie mobile, ondes WiMax]. Couper la D 54 (**⚠ > prudence !**), continuer par l'allée forestière sur 1,3 km [👁 > table d'orientation, table de pique-nique, terrain militaire].

6 Au T, prendre le chemin à gauche sur 300 m jusqu'à un embranchement [👁 > à 40 m, stèle commémorative de la bataille du Mont-Pinçon de 1944 ; panorama sur le bocage virois]. Tourner à gauche [👁 > après 200 m, le sentier à gauche conduit à la borne (363 m) du mont Pinçon] et atteindre une intersection.

7 Descendre par le chemin à droite (**⚠ > parfois boueux !**) puis par l'allée à gauche. Juste avant la D 54, prendre le chemin à droite. Passer la croisée et couper la D 165. Suivre la route à gauche et, après 40 m, bifurquer à droite. Dépasser le lavoir [👁 > sur la butte à gauche, vestige du château de Grimoult du Plessis, baron révolté contre Guillaume le Bâtard en 1046] et, à l'église, tourner à gauche vers le parking.

S SITUATION
Le Plessis-Grimoult (commune des Monts-d'Aunay), à 16 km au nord de Condé-sur-Noireau par les D 36 et D 54 (direction Aunay-sur-Odon).

P PARKING
mairie ou église

DÉNIVELÉE
altitude mini et maxi, dénivelée cumulée à la montée

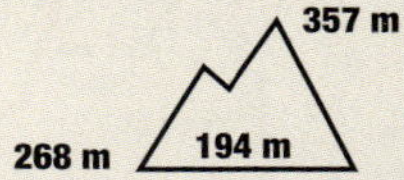

B BALISAGE
jaune

! DIFFICULTÉ !
- chemins boueux entre **3** et **5** puis après **7**

À DÉCOUVRIR...

> En chemin
- Le Plessis-Grimoult : église ancienne
- centre émetteur de radio et de télévision (1956)
- stèle et site du mont Pinçon : table d'orientation
- ruines du château de Grimoult

> Dans la région
- Aunay-sur-Odon : vestiges de l'abbatiale XIIe, offertes par la Suède pour la reconstruction (entièrement détruit en juin 1944), église Saint-Samson (1950)

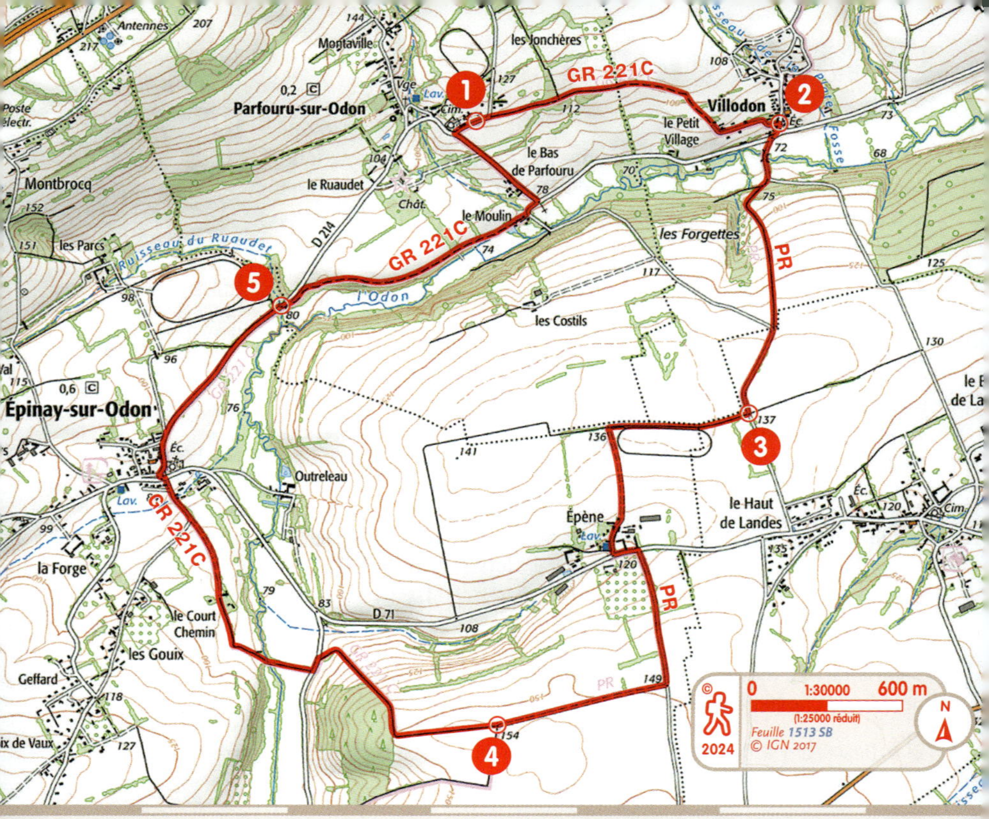

ENVIRONNEMENT

LE RUAUDET, TORRENT DANGEREUX !

Pâques 1802, Bonaparte est réconcilié avec le catholicisme, les cloches de Parfouru sonnent à toute volée. Hélas, la paroisse sera réunie à celle d'Épinay. M. Abaquesné de Parfouru écrit alors de longs plaidoyers à l'évêque de Bayeux.

« Le chemin qui mène à Épinay est difficile en tout temps, dans l'hiver il devient presque impraticable à cause d'un ruisseau qui sépare les deux communes, et qui grossi par les neiges et par les pluies, rend ce passage très dangereux et même impossible aux gens de pied ». Il parle aussi du « danger imminent que courent ceux qui voudraient se rendre de Parfouru à Épinay à cause de ce ruisseau qui, venant quelquefois à s'enfler subitement, met la vie des femmes et des enfants en danger ».

LE TERRIBLE RUAUDET / PHOTO J.-F.S.

Les **balcons** de l'**Odon**

33

3 h
10 km

L'Odon, rivière paisible, s'écoule dans un cadre champêtre, souvent boisé et parfois tourmenté. Parfouru qui vient de « profondus rivus » signifie « vallée encaissée ».

ORCHIS MASCULA / DESSIN P.R.

1 Sortir du parking, suivre la route à gauche, à l'opposé de l'église. Dans le virage, prendre à droite l'allée devenant sentier. Il descend vers Villodon. Continuer jusqu'à la rue principale.

2 Descendre la rue à droite, traverser la D 214, franchir l'Odon et monter par le chemin à droite. Poursuivre par la route à gauche sur 350 m.

3 Prendre le chemin à droite sur 550 m, puis tourner à gauche et gagner Épène. Emprunter la D 71 à gauche sur 100 m, puis la petite route à droite sur 600 m et le large chemin empierré à droite.

4 À l'intersection, ignorer le chemin à gauche et aller tout droit. Le chemin descend dans la vallée. Prendre la D 121 à gauche sur 50 m, puis s'engager sur le sentier à droite et franchir l'Odon. Remonter en face. Le chemin vire à droite et longe le coteau de l'Odon. Poursuivre par la route à droite. Couper la D 71, emprunter la rue en face et passer devant l'église d'Épinay-sur-Odon. Continuer par la D 214 sur 900 m en direction de Parfouru.

5 Gagner à droite, en contrebas, la sente qui longe l'Odon jusqu'au moulin de Parfouru. Emprunter la route à gauche. Au calvaire, monter par la D 214 à gauche [👁 > château à gauche] et retrouver l'église de Parfouru. À droite, rejoindre le parking.

BELVÉDÈRE SUR LA VALLÉE DE L'ODON / PHOTO J.-F.S.

S SITUATION
Parfouru-sur-Odon, à 22 km au sud-ouest de Caen par la D 214 ou bien par l'A 84 (sortie n° 45), D 675 à droite et route du Haut-Laurent à gauche

P PARKING
halte-randonneurs (proche de la mairie et de l'église)

DÉNIVELÉE
altitude mini et maxi, dénivelée cumulée à la montée

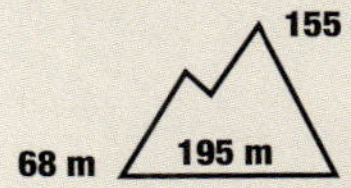

B BALISAGE
jaune

À DÉCOUVRIR...

> En chemin
- points de vue
- Épinay-sur-Odon : (patrie de l'industriel Richard-Lenoir) ; église néogothique
- Parfouru-sur-Odon : église XVIIIe (clocher XVe), château XVIIIe, ferme Renaissance du Ruaudet, ancien moulin

> Dans la région
- Épinay-sur-Odon : manoir XVIIe-XVIIIe (privé)
- Vieux : jardin archéologique (domus gallo-romaine) • Forêt de Grimbosq (parc animalier, arboretum, motte castrale d'Olivet) • Jurques : zoo
- Caen : cité historique riche en monuments et musées

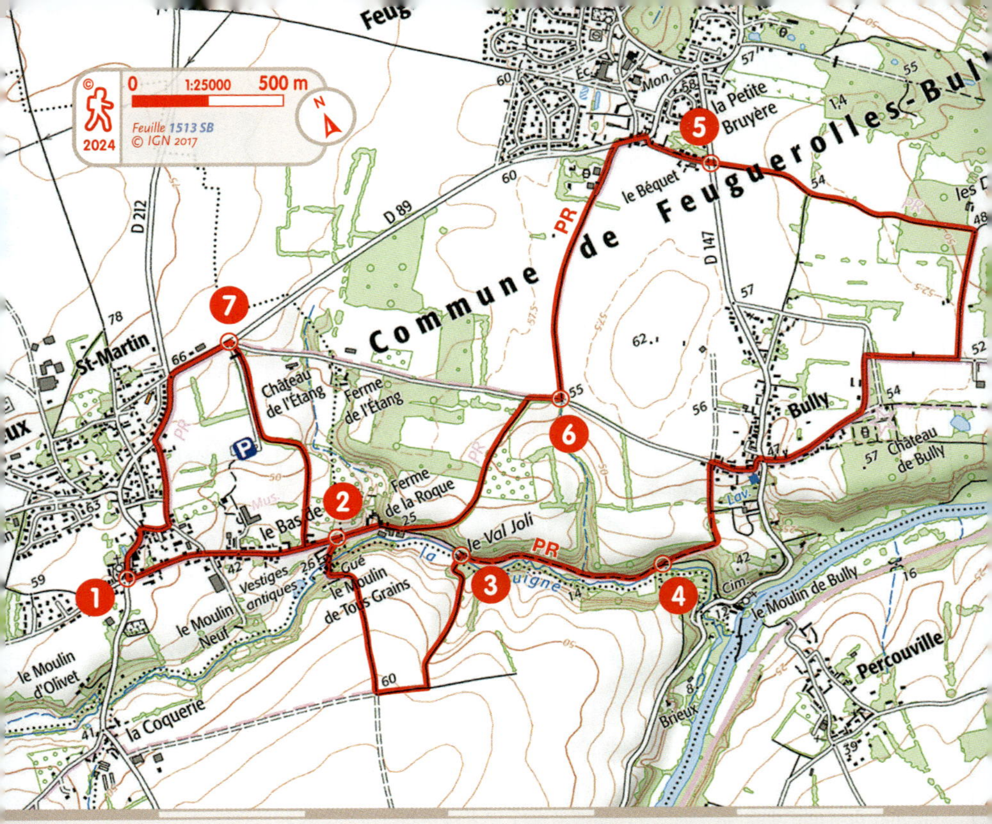

LA DOMUS DE VIEUX

Créée au Ier siècle après J.-C., Aregenua est la capitale des Viducasses, un des peuples de la Gaule. Autour de la domus et du théâtre, les thermes, le forum et une basilique civile abritant la curie sont en cours de fouilles.

La ville, très touchée par les premières invasions barbares à la fin du IIIe siècle amorce son déclin. Bayeux (*Augustodurum*) défendue par un castrum, prend le pas sur Aregenua, seule capitale de cité de Normandie qui ne soit pas devenue une ville au Moyen Âge (avec Lillebonne).

Aregenua se trouve à un carrefour de voies antiques. Le Chemin Haussé, voie romaine utilisée par Guillaume lors de sa grande chevauchée de 1027 est connue depuis sous le nom de « Chemin du Duc Guillaume ».

DOMUS DE VIEUX-LA-ROMAINE / PHOTO D.G.

Sur la **terre** des **Viducasses**

Dans la vallée de la Guigne, Vieux-la-Romaine abrite Aregenua, site archéologique gallo-romain. Des témoins de l'histoire et de l'économie de cette région jalonnent l'itinéraire.

1 Du parking, partir à droite par le chemin Haussé [👁 > ancienne voie romaine]. Laisser la rue de droite [👁 > elle mène au belvédère qui permet de voir l'ensemble du site de la domus] et la ruelle suivante [👁 > menant au lavoir romain].

2 Prendre à droite le chemin du Val-Joli [👁 > château XIXe], puis franchir la passerelle sur la Guigne au moulin de Tous-Grains [👁 > ancien moulin puis ancienne usine]. Monter sur le plateau [👁 > points de vue], tourner deux fois à gauche et descendre dans la vallée.

3 Suivre le chemin à droite le chemin le long de la Guigne, dépasser un affleurement de marbre de Vieux et atteindre une fourche.

👁 > À droite, le chemin mène au moulin (privé) et à l'église de Bully, à 400 m.

4 Monter le chemin de gauche. Prendre la route à droite. Couper la D 147, continuer en face par la rue du Bosq et poursuivre par la route à gauche. Emprunter la route à droite [👁 > vue sur le château de Bully], puis le chemin à gauche entre les herbages. Au bout, tourner à gauche, traverser tout droit le bois puis les prairies.

5 Traverser la voie gravillonnée et la D 147 (**⚠ > prudence !**). Continuer en face rue du Béquet. Prendre la D 89 à gauche, le chemin des Plates-Mares à gauche et déboucher sur la route [👁 > borne de concession minière à gauche].

6 Suivre la route à droite sur 100 m, descendre par le chemin de gauche et tourner à droite. Dépasser la ferme de la Roque.

2 Continuer et monter à droite par le chemin de la Fontenelle.

7 Prendre la D 89 à gauche en utilisant le sentier piétonnier. Elle vire à gauche. Descendre à gauche la rue du Jardin Poulain [👁 > vestige de théâtre ; arrière du manoir de la Pallu]. Tourner dans la deuxième rue à droite (L. Houlbey) et déboucher dans la rue Saint-Laurent [👁 > en face, portail 1900 ; à droite vue sur le manoir de la Pallu XVIIe]. La suivre à gauche [👁 > fontaine, église, lavoir] et retrouver le parking.

34

2 2 2

3 h
10 km

S SITUATION
Vieux, à 6 km au sud-ouest de Caen par les N 814 (sortie 10), D 8, D 147A et D 212

P PARKING
église

DÉNIVELÉE
altitude mini et maxi, dénivelée cumulée à la montée

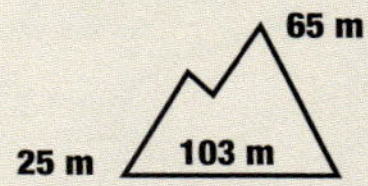

B BALISAGE
jaune

À DÉCOUVRIR...

> En chemin

- Panneaux documentaires et points de vue.
- Vieux : château du Bas-de-Vieux XIXe
- Amayé-sur-Seulles : moulin Tous Grains XVIIe (centre de traitement de boyaux jusque vers 1965)
- Feugueurolles-Bully : marbre de Vieux ; château de Bully XVIIIe (privé) ; borne de limite de concession minière
- Vieux : vestige de théâtre Ie-IVe s après J-C, manoir de la Pallu 1610, portail 1900 de la propriété Fontaine XVIIIe, fontaine et église Saint-Laurent (XIIe et XIX-XXe), lavoir

> Dans la région

- Vieux-la-Romaine : musée et sites archéologiques
- Bully : église XIIe et XIIIe, Grand Moulin
- Caen : cité historique riche en monuments et musées

HISTOIRE

LA BATAILLE DE TILLY-SUR-SEULLES

Installé dans une ancienne chapelle du XIIIe siècle, un musée retrace la terrible bataille de Tilly.

À partir du 7 juin 1944, jour de marché, les bombardements débutent. Ils ne cesseront que le 18. Les malheureux habitants se cachent où ils peuvent mais rien ne les protège. Du 19 au 26 juin, Tilly-sur-Seulles est pris et perdu à vingt-trois reprises par les Anglais. À terme, le village est sinistré à près de 70% et 76 civils y ont laissé la vie. Aujourd'hui, 986 soldats britanniques, 232 Allemands, 2 Néo-Zélandais, 1 Canadien et 1 Australien reposent dans le cimetière militaire de Tilly-sur-Seulles.

LA SEULLES / PHOTO G.P.

Tilly-sur-Seulles

35

Ravagé en 1944, Tilly-sur-Seulles présente un exemple de reconstruction d'après-guerre. C'est le départ d'un circuit allant à la découverte de la vallée de la Seulles.

BRUANT DES ROSEAUX / DESSIN P.R.

1 Face à la chapelle-musée, partir à gauche, tourner à droite. Couper la D 13, continuer presqu'en face le long de la gendarmerie [👁 > rue Valéry-Leroux]. Emprunter le sentier à gauche. Tourner par le chemin à gauche, traverser la D 13 (⚠ **> prudence)**, suivre le chemin en face et déboucher sur une petite route.

> Par la route à droite, à 400 m, cimetière militaire de Tilly-sur-Seulles (1 224 tombes britanniques et 232 allemandes).

2 Prendre la route à gauche. Au carrefour [👁 > croix de Sagy]. poursuivre en face puis par la route à droite. Couper la D 9 (⚠ **> prudence)** et continuer tout droit. Négliger à droite l'accès à la ferme de Villeneuve et gagner un embranchement.

> Par le chemin à gauche, à 700 m, cimetière militaire d'Hottot-les-Bagues (965 tombes britanniques et 132 allemandes).

3 Descendre tout droit. Ne pas prendre la route mais s'engager à gauche sur le sentier qui longe la vallée de la Seulles. Emprunter la D 9 (⚠ **> prudence !)** à droite sur 40m puis, à gauche, la voie qui franchit le vieux pont sur la Seulles. Monter la D 9 à gauche et dépasser la mairie de Juvigny.

4 Suivre le chemin à gauche, dépasser la station de pompage, descendre, franchir la passerelle qui enjambe le Bordel et remonter. A l'intersection, prendre le chemin à gauche et déboucher sur la D 13 à la hauteur de l'église de Tilly-sur-Seulles.

5 Prendre la D 13 à gauche et franchir la Seulles. Continuer à gauche le long du stade. Au carrefour, tourner à gauche puis par la rue du 18 juin 1944, regagner la chapelle-musée.

LE PONT SUR LA SEULLES À TILLY / PHOTO G.P.

2h40
8km

S SITUATION
Tilly-sur-Seulles, à 20 km à l'ouest de Caen par les D 9 et D 13

P PARKING
musée (chapelle Notre-Dame-du-Val)

/ DÉNIVELÉE
altitude mini et maxi, dénivelée cumulée à la montée

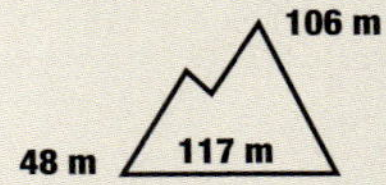

B BALISAGE
jaune

À DÉCOUVRIR...

> En chemin
- Tilly-sur-Seulles : chapelle Notre-Dame-du-Val XIIe (musée de la bataille de Tilly) ; église romane (nef XIe, transept et chœur XIIe, tour XIVe, porche XVe)
- cimetières militaires
- Juvigny-sur-Seulles : vieux pont sur la Seulles
- Tilly-sur-Seulles : église romane (nef XIe, transept et cheour XIIe, tour XIVe, porche XVe)

> Dans la région
- Juvigny-sur-Seulles : château XVIIIe et église restaurés après 1944
- Caumont-l'Eventé : Souterroscope
- Balleroy : château XVIIe
- Bayeux : maisons et hôtels anciens, cathédrale et tapisserie

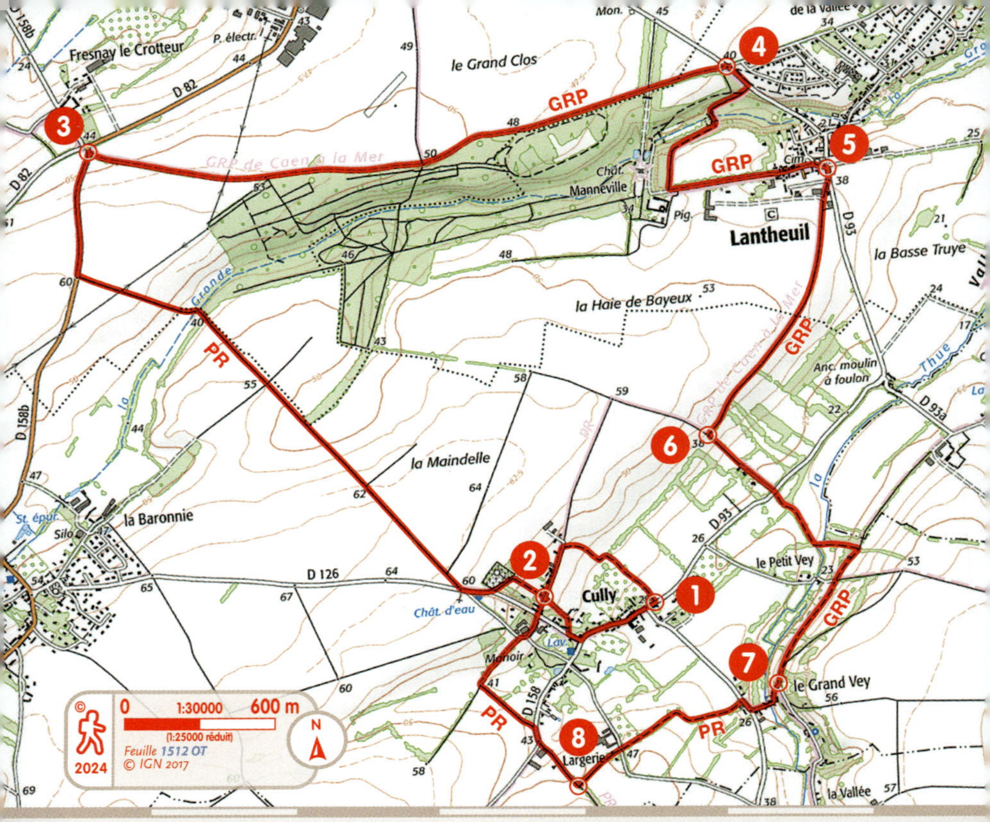

PATRIMOINE

LE CHÂTEAU DE MANNEVILLE

LE CHÂTEAU DE MANNEVILLE / PHOTO G.P.

De la D 93 qui joint Lantheuil à Creully, une allée longue de 800 m, bordée de hêtres tricentenaires pourpres et verts, descend vers le vallon de la Gronde où l'imposante demeure de la famille Turgot se blottit.

En 1613, Antoine de Turgot de Saint-Clair acquiert la terre. Son fils Jacques y édifie une belle demeure de style Louis XIII dont les façades sont en pierre d'Orival. À la fin du XVIIe siècle, deux ailes sont ajoutées pour former la cour d'honneur fermée de douves alimentées par la Gronde. Après avoir été occupé par l'état-major allemand dès juin 1940, puis pillé, le château subit des dégâts suite à l'explosion d'une bombe. Depuis, cette propriété privée a été restaurée et classée Monument Historique. Des marques de rafales de mitrailleuse subsistent toutefois sur les murs.

Des vallons de la Thue à Manneville

Le château de Manneville (visible du circuit), demeure de la famille Turgot, se niche dans le vallon de la Gronde, affluent de la Thue qui elle-même se jette dans la Seulles, charmant fleuve côtier.

1 Du parking, suivre la D 93 à gauche sur 10 m et prendre le chemin à droite. Bordé de haies, il serpente entre prés et champs. Emprunter la rue du Québec à gauche sur 200 m.

2 Au croisement, s'engager sur le sentier herbeux entre mur et grillage. Il vire à gauche en bordure du cimetière. Monter par la D 126 à droite. Au calvaire, bifurquer sur le chemin à droite et continuer tout droit sur 2 km. Descendre à droite par la D 158b.

> Jonction en face avec le GR® de Pays *de Caen à la Mer*.

3 Peu avant le carrefour routier, obliquer à droite sur le chemin en épingle. Il longe le bois de Manneville et croise une esplanade herbeuse [> vue sur le château]. Continuer par l'allée en face.

4 Prendre la D 93 à droite sur 150 m, puis entrer dans le bois à droite. Le chemin descend. Franchir la Gronde et remonter. Emprunter l'allée à gauche. Elle devient rue Saint-Sylvestre. Tout droit, dépasser l'église de Lantheuil.

5 Monter à droite par la D 93. Au calvaire, bifurquer sur le chemin herbeux à droite et continuer tout droit.

6 Au T, descendre par le chemin à gauche, couper la D 93 et continuer par le chemin en face (**⚠ > souvent humide !**). Franchir la Thue, puis tourner à droite et longer la vallée en négligeant les chemins de part et d'autre. Déboucher dans un virage en épingle

> Séparation du GR® de Pays qui part à gauche.

7 Descendre à droite rue du Grand-Vey et traverser le hameau. Emprunter la D 93 à droite sur 50 m, puis le sentier herbeux bordé de haies à gauche. Couper la route et poursuivre en face par le large chemin.

8 Au T, tourner à droite. Prendre la D 158 à droite, puis le chemin à gauche. Au bout, suivre le chemin à droite. Emprunter la rue des Beaux-Jardins à droite, la rue du Vieux-Couvent à gauche, couper la D 126 et continuer rue du Québec jusqu'au croisement de l'aller.

2 Prendre la route à droite, Elle devient ruelle herbeuse au niveau d'un portail de pierre. Suivre la D 126 (rue Saint-Martin) à gauche, la D 158 (rue de Verdun) à gauche et rejoindre le parking.

36

3 2 2

3h30
13km

S SITUATION
Cully (commune de Moulins-en-Bessin), à 14 km à l'est de Bayeux par la D 126

P PARKING
mairie, rue de Verdun (D 93)

DÉNIVELÉE
altitude mini et maxi, dénivelée cumulée à la montée

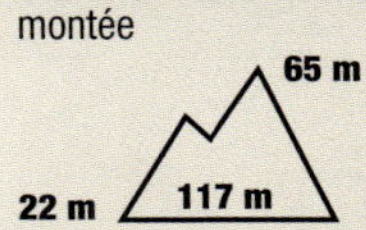

B BALISAGE
jaune

! DIFFICULTÉ !
- chemin parfois humide entre **6** et **7**

À DÉCOUVRIR...

> En chemin
- Cully : église XIIIe ; grange XVe
- Lantheuil : château de Manneville XVIIe-XVIIIe ; église XVIIe

> Dans la région
- Creully : château médiéval
- Fontaine-Henry : château renaissance
- Thaon : église romane
- Plages du Débarquement
- Bayeux : cathédrale, célèbre tapisserie, maisons et hôtels anciens

HISTOIRE

Hamon le Dentu, baron de Creully

Le château de Creully possède d'importants vestiges de l'époque médiévale. Sa construction remonte sans doute à Hamon dit « le Dentu » ou « aux dents ». On ignore s'il devait ce surnom à sa denture particulière, à un accident l'ayant enlaidi ou encore à un solide coup de fourchette ? Il participe en 1047, avec d'autres barons du Bessin et du Cotentin, à la conspiration visant à éliminer le jeune duc de Normandie, Guillaume le Bâtard, afin de mettre à sa place Guy de Brionne. La tentative d'assassinat du duc à Valognes échoue, Hamon affronte au Val-ès-Dunes l'armée de Guillaume renforcée par celle du roi Henri Ier. Les rebelles sont massacrés et Hamon est tué au cours de la bataille.

Château de Creully, domaine de Hamon-le-Dentu / Photo D.G.

Sur la **trace** des **Barons**

Au bord de la Seulles, les redoutables barons de Creully édifièrent leur château et le prieuré de Saint-Gabriel. Vous verrez de nombreux bâtiments construits en pierre de Creully, toujours exploitée.

1 Rejoindre la route. Tourner à droite, traverser la place derrière l'église et utiliser l'escalier. Descendre à droite la rue longeant les remparts, franchir les deux bras de la Seulles, puis partir à gauche vers le château de Creullet. Virer à gauche en bordure du parc, puis longer la haie. Descendre à gauche en sous-bois et contourner les bassins.

2 Monter à droite. Traverser la D 12 (⚠ **> prudence !**), s'engager dans la ruelle en face, entrer à gauche dans le cimetière, longer le côté droit et sortir. Emprunter la rue à droite sur 30 m et, face au portail monumental, prendre le chemin à gauche. Tourner à gauche, passer en contrehaut de l'étang, longer la placette et poursuivre par le chemin entre deux haies. Virer à droite à l'arrière du lotissement et aboutir près du château d'eau.

> Jonction avec le GR® de Pays *de Caen à la mer*.

3 Monter à droite. Emprunter la D 87 à gauche sur 40 m, la D 12 à droite sur 35 m et la route à gauche. Au carrefour des chemins, tourner à gauche. Descendre par la D 158b à droite, franchir la Seulles puis virer à gauche. Longer le prieuré Saint-Gabriel, obliquer à droite et, à l'église, prendre à droite la rue du Colombier. Au bout, suivre la rue à gauche sur 40 m puis la D 158c à gauche.

4 Traverser la D 35, continuer en face par la D 158c sur 200 m et prendre à gauche le chemin empierré. Monter par la D 158b à droite, couper la D 82, poursuivre par la route sur 30 m puis bifurquer à gauche par le large chemin. Il longe le bois.

> Séparation du GR® de Pays.

5 S'engager sur le chemin à gauche et passer le château d'eau. Poursuivre par la D 82 sur 90 m, puis prendre la D 35 à droite et, au rond-point, continuer tout droit sur 200 m.

6 Obliquer à droite sur l'allée au sol rouge, continuer, longer le mur, traverser la rue des Écoles et prendre la ruelle en face. Couper la rue de Bretteville et poursuivre par la ruelle décalée à droite. Emprunter la rue de Caen à droite sur 25 m, la ruelle à gauche, la rue Haimon-le-Dentu à gauche puis la rue de Tierceville à gauche et regagner le parking.

FLEUR DE COLZA / DESSIN P.R.

37

3h
12km

S SITUATION
Creully, à 22 km au nord-ouest de Caen par la D 22

P PARKING
château

DÉNIVELÉE
altitude mini et maxi, dénivelée cumulée à la montée

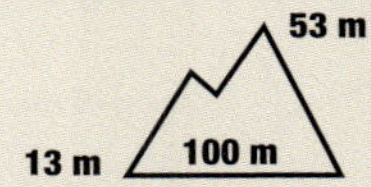

B BALISAGE
jaune

À DÉCOUVRIR...

> En chemin
- Creully : château médiéval et parc, église romane (graffiti XIIIe et XVIe), maisons du bourg XVIIe-XIXe, grange aux Dîmes XIe
- château de Creullet XVIIIe (privé)
- Villiers-le-Sec : église XIIe-XVIIIe, portail XVIIe du fief de Banville-en-Villiers
- Saint-Gabriel : prieuré Saint-Gabriel (tour carrée XVe, porche XIIIe, logis XIIe)

> Dans la région
- plages du Débarquement de juin 1944
- Fontaine-Henry : château Renaissance
- Brécy : château
- Caen : cité historique riche en monuments et musées
- Bayeux : maisons et hôtels anciens, cathédrale et tapisserie

HISTOIRE

LES PONTONS D'ARROMANCHES

PONTONS ARTIFICIELS D'ARROMANCHES / PHOTO G.P.

Pour permettre l'approvisionnement des Alliés dans les jours qui suivent le Débarquement de Normandie, deux ports artificiels sont créés au large des plages du Calvados dès le 7 juin. Seul celui d'Arromanches, le Mulberry B (Britannique) sera opérationnel. Le second, devant Omaha Beach, le Mulberry A (Américain), est détruit par une tempête le 19 juin. Différents éléments préfabriqués en Angleterre, acheminés et assemblés sur la côte normande composent ces ports. Un Mulberry complet nécessite 600 000 t de béton avec 33 jetées et 15 km de routes flottantes pour amener hommes et véhicules sur la terre ferme. Fin juillet, le trafic du port atteint 20 000 t par jour ! On l'utilise jusqu'au 19 novembre 1944.

La 231ème brigade britannique

38

2h45
11km

Cette zone littorale et son arrière-pays furent le théâtre de durs combats au cours de la seconde guerre mondiale. De la falaise, la vue s'étend sur les vestiges du port artificiel d'Arromanches.

1 Du parking, face à la mer, partir à gauche (ouest) par le sentier le long du littoral.

2 À l'arrivée sur le parking de la plage d'Asnelles, tourner à gauche, traverser la D 514, et continuer par la route en face. Avant le pont, prendre l'allée du Lavoir à droite, puis virer à gauche le long de la Gronde. Au pont suivant, emprunter la rue Hélaine à gauche, puis la route à droite.

3 À la fourche, prendre à droite la rue de l'Église, continuer tout droit, couper la D 65 et poursuivre en face par le chemin de terre.

4 Au carrefour de chemins, tourner à droite. Prendre la D 205 à droite (⚠ **> prudence)**, le rue Duteur (deuxième rue) à gauche et monter à droite par le chemin ombragé en bordure dela route privée. En haut [👁 > masse du moulin de Fresné sous les arbres], descendre à droite [👁 > vue sur Saint-Côme-de-Fresné et le port artificiel d'Arromanches].

> Au Buhot, jonction avec le GR® de Pays *de Caen à la mer* que l'on suit jusqu'au parking.

5 Avant la ferme, monter le chemin à gauche passant bientôt en sous-bois. Au réservoir, aller à droite, faire 175 m et tourner à droite. Prendre la D 65 à droite puis la petite route à gauche. Traverser la D 514 (⚠ **> prudence)**, entrer dans le parking.

6 Traverser le parking par la droite, passer devant le réservoir. Emprunter à gauche sur 1 km la vélo-route longeant la D 514. Tourner à gauche pour rejoindre la mer à la Guerre [👁 > blockhaus].

7 Suivre la digue tout droit, traverser le parking de la Plage [👁 > blockhaus].

2 Continuer le long de la mer jusqu'au parking de départ.

SITE D'ARROMANCHES / PHOTO G.P.

S SITUATION
Meuvaines, à 15 km au nord-est de Bayeux par la D 516 et la D514

P PARKING
gare, en bord de mer, à la limite entre Asnelles et Meuvaines

DÉNIVELÉE
altitude mini et maxi, dénivelée cumulée à la montée

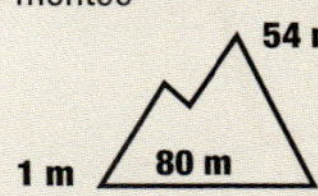

B BALISAGE
jaune

À DÉCOUVRIR...

> En chemin
- panneaux documentaires,
- blockhaus de la seconde guerre mondiale,
- masse de Fresné (base d'un moulin),
- table d'orientation d'Arromanches, pontons du Débarquement,
- églises d'Asnelles XIIe et de St-Come-de-Fresné XIIe-XVe

> Dans la région
- Arromanches : pontons, cinéma circulaire, musée du Débarquement
- Asnelles : biscuiterie
- Bayeux : maisons et hôtels anciens, cathédrale et Tapisserie

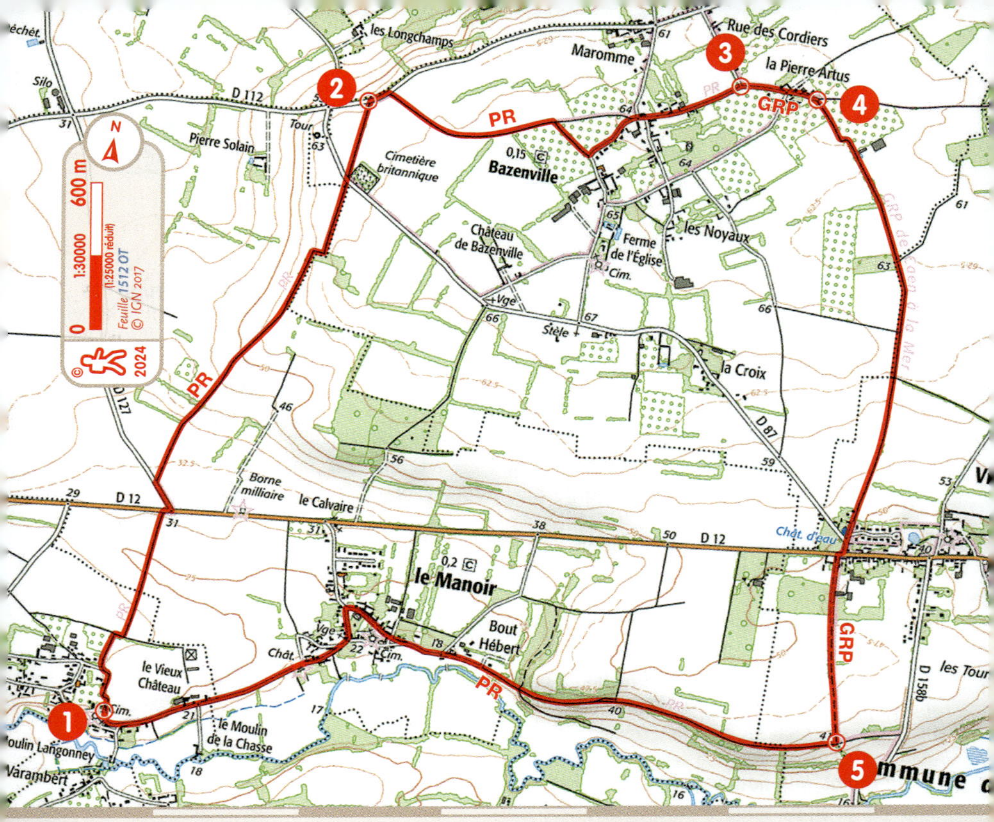

ENVIRONNEMENT

LA SEULLES, FLEUVE CÔTIER

Entre Caen et Bayeux, le plateau calcaire culminant à 60 m d'altitude s'abaisse doucement vers la mer. Cette platitude n'est rompue que par la Seulles et ses affluents, Thue et Mue. Ces rivières modèlent des couloirs encaissés aux fonds verdoyants contrastant avec les champs céréaliers du plateau. La Seulles naît sur les premières hauteurs du Massif armoricain. Elle traverse le Pré-Bocage et le Bessin, avant d'atteindre la Manche à Courseulles-sur-Mer après un parcours de 71,8 km. Elle traverse de jolis villages et son cours sinueux découpe des prairies humides qui blanchissent l'hiver. Ses rives, ornées de manoirs, églises, chapelles et moulins, offrent un cadre bucolique et pittoresque où il fait bon flâner.

LA SEULLES / PHOTO G.P.

Les **balcons** de la **Seulles**

Le plateau de Bazenville semble un îlot bocager au milieu des champs ouverts du Bessin. Les villages dominant la vallée de la Seulles ont conservé un riche patrimoine bâti.

PRIMEVÈRE / DESSIN P.R.

1 Au parking, se placer pour avoir l'église à droite, prendre à gauche le chemin aux Ânes. Obliquer à droite puis à gauche entre deux champs. Emprunter la D 12 à droite sur 30 m puis la D 27 à gauche sur 130 m. S'engager à droite sur le chemin de Sainte-Marie et monter au cimetière militaire de Ryes-Bazenville. Couper la D 87, longer en face le cimetière, et continuer.

2 Suivre la D112 à droite sur 100 m, puis bifurquer sur le chemin à droite. Il conduit tout droit à Bazenville. Continuer par la route en face sur 450 m et arriver à un carrefour.

3 Prendre la rue des Alliés à droite, dépasser les maisons de la Pierre-Artus.

4 Bifurquer à droite en direction du château d'eau de Villiers-le-Sec. Emprunter la D 87 sur quelques mètres puis la D 12 à droite sur 20m. Tourner à gauche et gagner le carrefour de chemins.

5 Prendre le chemin à droite au-dessus de la vallée de la Seulles. À l'entrée du Manoir [👁 > à gauche, pont du Bigard] continuer tout droit. À la fourche, se diriger à droite [👁 > grange aux dîmes à gauche] puis tourner à gauche. Emprunter la route à droite, et tout droit, passer devant le Vieux-Château. Poursuivre jusqu'à l'église de Vienne-en-Bessin.

ÉGLISE ET PLAN D'EAU À VILLIERS-LE-SEC / PHOTO D.G.

39

3 · 2 · 2

3 h
11 km

S SITUATION
Vienne-en-Bessin, à 7,5 km à l'est de Bayeux par les D 12 et D 127

P PARKING
église

DÉNIVELÉE
altitude mini et maxi, dénivelée cumulée à la montée

18 m · 66 m · 79 m

B BALISAGE
jaune

À DÉCOUVRIR...

> En chemin

- Vienne-en-Bessin : église (nef en arêtes de poisson, chœur XIVe, clocher-porche XIIe), tombes dans le cimetière XVIe-XVIIe
- Bazenville : cimetière militaire britannique
- Le Manoir : pont du Bigard, église XIe-XIIe-XVe, grange aux Dîmes
- Le Vieux-Château XVe-XVIIe (colombier-porche XVIe)

> Dans la région

- Bazenville : église XIIe-XIIIe, château XVIIIe, fermes-manoirs XVIIe-XVIIIe
- Villiers-le-Sec : église XIIe-XVIIIe, portail XVIIe du fief de Banville en Villiers, fermes XVIIe-XVIIIe
- Le Manoir : manoir XVIIe, ruines du moulin Turquois XVIIe-XVIIIe
- Bayeux : maisons et hôtels anciens, cathédrale et tapisserie

PATRIMOINE

La batterie de Longues-sur-Mer

La batterie comprend quatre canons de marine de 150 mm installés début 1944, chacun protégé par une casemate en béton armé, et différentes installations pour les servir et les défendre. Ces canons avaient une portée qui avoisinait les 20 km. À l'arrière de chacune des quatre salles de tir se trouvaient deux chambres à munitions, l'une contenant la poudre, l'autre les obus. Un poste de direction de tir situé 300 m en avant des casemates commandait leurs feux. Le 6 juin, deux canons sont mis hors d'état de tir par des navires britanniques et français. Le lendemain, après avoir subi un nouveau bombardement aérien, la batterie est prise en fin de matinée sans difficulté. Aujourd'hui, passage obligé du circuit du débarquement, 500 000 visiteurs la visitent tous les ans.

Le site de la batterie de Longues / Photo D.G.

De la batterie de Longues au cap Manvieux

Lors du Débarquement en 1944, les Alliés se heurtèrent aux falaises du Bessin qui s'étirent de Grandcamp à Asnelles et au Mur de l'Atlantique construit par les Allemands, dont la batterie de Longues.

1 De l'office de tourisme, emprunter la véloroute et se diriger vers l'entrée du parking, puis tourner à gauche sur le Chemin du grand champ [> sur le plateau , site de l'aérodrome B11, opérationnel de juin à septembre 1944].

COQUELICOT / DESSIN P.R.

2 À l'embranchement, continuer en face sur 900 m, puis suivre la voie à gauche sur 700 m jusqu'au second chemin à droite.

3 Emprunter ce chemin à droite. Ignorer les deux suivants à droite. Poursuivre par la rue à gauche. Elle devient un large sentier. Franchir le vallon du Pisseau et parvenir au carrefour des Fonderies [> site naturel protégé].

4 Tourner à droite [> puits à toiture conique en face du Coqueré], couper la D 514 (**> prudence !**) et continuer en face. Suivre la rue à gauche, puis traverser à droite Tracy-sur-Mer par la rue principale. À la Croix de l'An, ignorer la rue de gauche et emprunter le chemin à droite.

5 Suivre la D 127 à droite sur 200 m (**> prudence !**). Prendre le chemin à gauche et tourner à droite. Continuer par le large chemin à gauche, laisser le suivant à gauche et arriver à Fontenailles. Prolonger presque en face, ignorer deux ruelles à droite et parvenir à la hauteur de l'ancienne église.

> Par la ruelle de gauche, accès au site de l'ancienne église.

6 Continuer la traversée du village, prendre la rue à gauche puis bifurquer sur la route de droite.

7 Traverser la D 514 (**> prudence !**), continuer en face, puis emprunter le chemin à gauche sur 1 km et tourner à droite. Retrouver l'embranchement de l'aller.

2 À gauche, par l'itinéraire de l'aller.

ÉGLISE DE FONTENAILLES / PHOTO D.G.

40

3
2
2

3h15
12km

S SITUATION
Longues-sur-Mer, à 8 km au nord de Bayeux par la D 104

P PARKING
batterie

DÉNIVELÉE
altitude mini et maxi, dénivelée cumulée à la montée

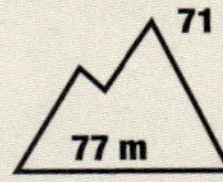

B BALISAGE
jaune

! DIFFICULTÉ !
- traversées de la D 514
- chemins humides par temps de pluie

À DÉCOUVRIR...

> En chemin
- site de la batterie de Longues
- cap Manvieux (vue sur les pontons d'Arromanches et les falaises du Bessin)
- Fontenailles : puits, ruines de l'église Saint-Pierre-de-Fontenailles XIIe

> Dans la région
- Longues-sur-mer : abbaye Sainte-Marie XIIIe (privée)
- Bayeux : maisons et hôtels anciens, cathédrale, musées, tapisserie
- Arromanches-les-Bains : musée du Débarquement, cinéma circulaire 360°, table d'orientation, vestiges du port artificiel de juin 1944
- Port-en-Bessin-Huppain : port pittoresque, tour Vauban XVIIe, centre culturel

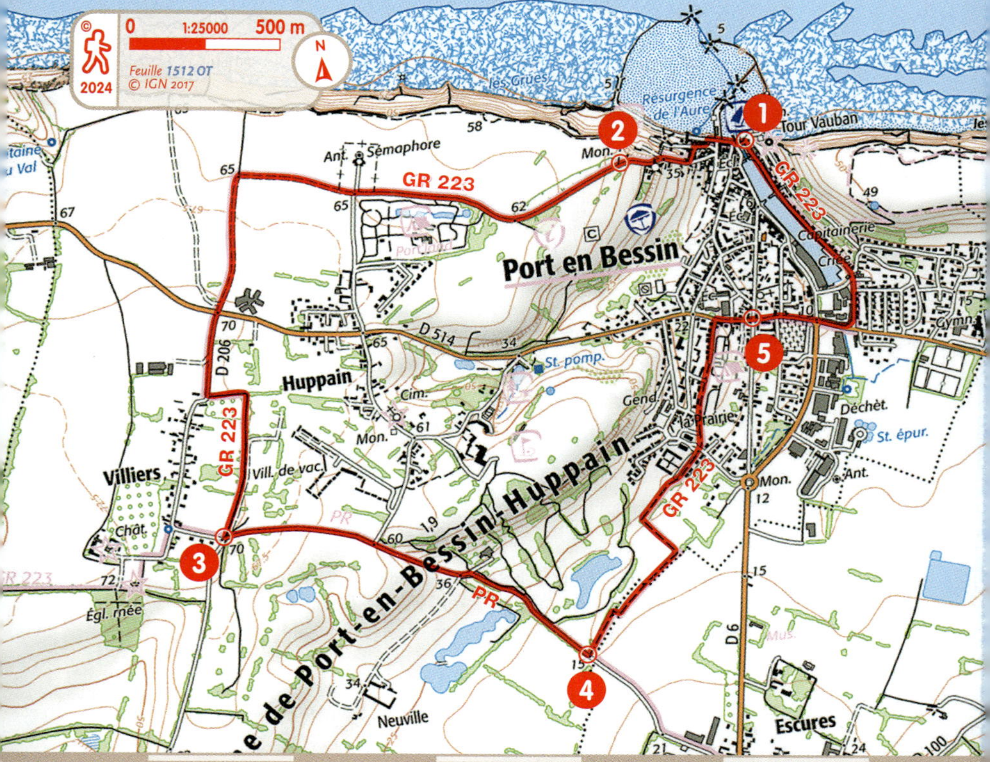

PERSONNALITÉS

Georges Seurat, peintre de Port-en-Bessin

Né à Paris en 1859, Georges Seurat découvre les œuvres impressionnistes. Sur les conseils de Paul Signac, il fréquente Grandcamp, Honfleur et Port-en-Bessin en 1886, après la construction des jetées qui ont donné au bourg son aspect actuel. Georges Seurat traduit de manière nouvelle la luminosité des lieux.

Pour réaliser son tableau « L'avant-port », le peintre s'est installé sur une falaise qui offre « une magnifique vue d'où l'on découvre tout le golfe du Calvados jusqu'à Trouville et Le Havre ». Sa série de six toiles sur Port-en-Bessin est très bien accueillie par la critique. Georges Seurat et Paul Signac sont tous deux à l'initiative d'un mouvement néo-impressionniste : le « pointillisme ».

Port-en-Bessin / Photo D.G.

Autour de **Port-en-Bessin-Huppain**

Découvrez Port-en-Bessin, petite cité pittoresque nichée entre deux falaises. Port pétrolier pendant le Débarquement, elle vit aujourd'hui au rythme du va-et-vient des chalutiers et des coquilliers.

1 Du parking de l'office du tourisme, franchir le pont tournant et suivre le quai Letourneur à droite. Face à la jetée, tourner à gauche rue du Nord, gravir la rue de la Mer à droite et, à gauche, la rue de la Croix. Au bout, monter par la rue du Phare à droite [👁 > sur le phare : Vierge et feux, 1954] jusqu'à la dernière maison.

👁 > Par l'allée P.-Winter à droite, voir le monument et la vue sur le port.

2 Continuer jusqu'au sémaphore puis par le chemin parallèle à la côte. Au bout, bifurquer à gauche. Couper la D154 (⚠ **> prudence !**) et prendre la rue de Villiers sur 300 m. Avant le virage, s'engager sur le sentier à gauche. Il dessine un coude et conduit à un carrefour.

👁 > À 350 m, par la route à droite puis la route à gauche, manoir et ruines de l'église de Villiers-sur-Port.

3 Prendre la route à gauche. Entrer à droite sur le golf (privé) et longer la route entre la haie et les potelets. A l'extrémité du chemin, ne pas tourner à droite vers Neuville, mais reprendre la route et descendre.

4 Au panneau d'agglomération (situé à gauche), s'engager sur le chemin à gauche. Il zigzague, traverse un quartier récent puis passe en bordure du camping. Emprunter la D 514 à droite.

5 Au carrefour, continuer par la D 514 en face vers Commes, longer le cimetière, puis traverser le rond-point. Prendre la rue des Chantiers à gauche, suivre le quai Baron-Gérard et rejoindre le point de départ.

STERNE PIERREGARIN /DESSIN P.R.

41

2h30
7,5km

S SITUATION
Port-en-Bessin, à 9 km au nord de Bayeux par la D 6

P PARKING
quai Baron-Gérard (office de tourisme)

/ DÉNIVELÉE
altitude mini et maxi, dénivelée cumulée à la montée

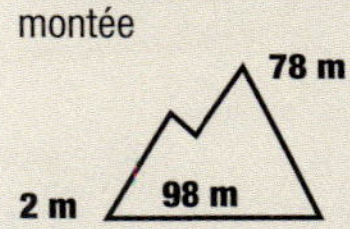

B BALISAGE
jaune

! DIFFICULTÉ !
- ne pas s'écarter du chemin ouvert aux piétons et cavaliers sur le golf entre **3** et **4**

À DÉCOUVRIR...

> En chemin
- Port-en-Bessin : port pittoresque, tour Vauban XVIIe, vues sur le port, stèle de juin 1944
- Villiers-sur-Port : manoir XIIe-XVIe, ruines de l'église XIIe-XIIIe

> Dans la région
- Port-en-Bessin : musée des Épaves du Débarquement
- Huppain : église XIIe-XIIIe
- Tour-en-Bessin : église XIIe-XIVe (décor sculpté)

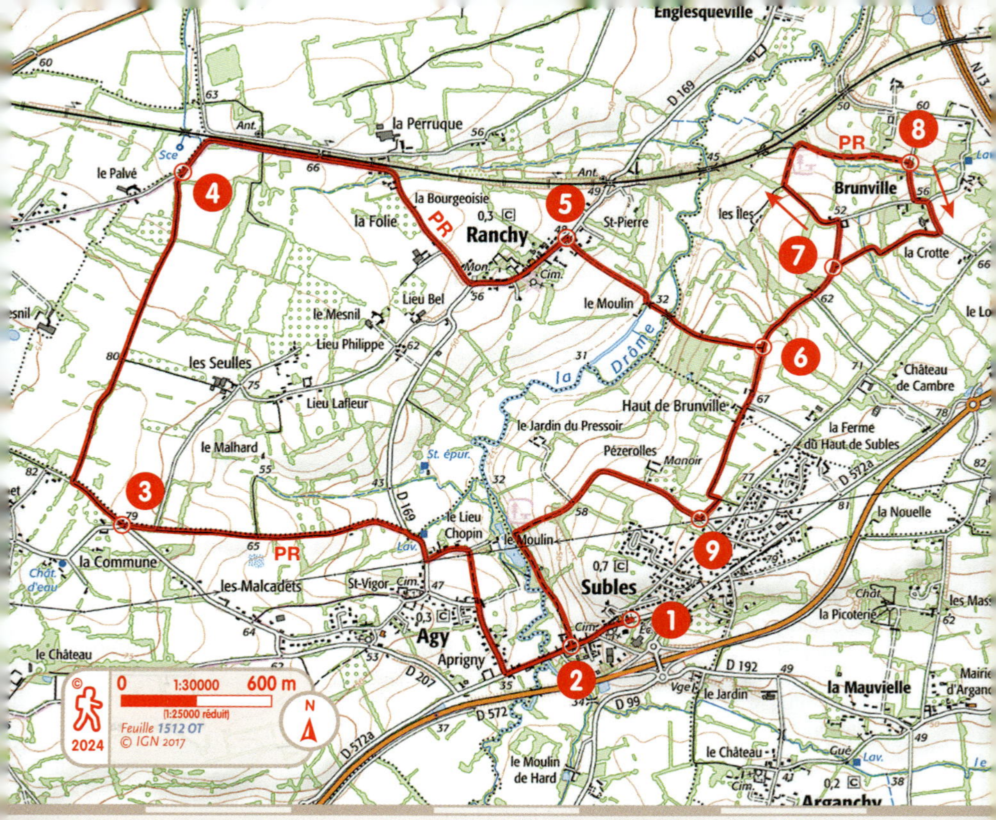

TRADITION

LE LOUP DE LA DRÔME

Une vaste forêt s'étendait jadis au sud de Bayeux. C'était le repaire d'un énorme loup qui dévorait indifféremment bœufs, moutons et bergères. Il osait même s'aventurer dans les rues de la cité bajocasse. La population vint demander à Loup, troisième évêque de Bayeux, de les délivrer de la bête furieuse. Celui-ci se rendit au-devant du monstre, lui passa son étole autour du cou, puis le traîna jusqu'à la Drôme et le noya. Cet exploit valut la sainteté au prélat mais on raconte que, à certaines époques de l'année, la bête revient encore rôder autour de la vallée de la Drôme. Un bas-relief du XIIe siècle, sculpté sur le clocher de l'église de Saint-Loup-Hors, illustre cet épisode.

BLASON ILLUSTRANT LA LÉGENDE DU LOUP / PHOTO G.P.

Les petits **chemins** de la **Drôme**

Découvrez la vallée de la Drôme, avant que ses eaux ne se perdent sous le plateau de Port-en-Bessin. Ses chemins creux, bordés de haies formant de véritables tunnels de verdure, sont propices à la randonnée.

1 Descendre par la rue Saint-Martin et dépasser l'église.

2 Laisser à droite la rue du Moulin-d'Agy et franchir le pont sur la Drôme. Prendre la D 169 à droite vers Ranchy. Dans le virage à gauche, poursuivre par le chemin herbeux en face. Emprunter la rue à gauche puis la D 169 à droite. Dépasser le lavoir non couvert et, 60 m après, bifurquer sur le chemin à gauche. Continuer par la route en face.

3 Au croisement, prendre la D 207 à droite sur 10 m, le chemin creux à droite sur 250 m et tourner encore à droite. Poursuivre tout droit par ce chemin sur 1,3 km.

4 Au bout, emprunter la route à droite. Elle vire à droite en bordure de la voie ferrée puis s'en écarte et mène à Ranchy. Prendre la D 169 à gauche, traverser le village et dépasser l'église.

5 Tourner à droite chemin du Moulin. Il descend le coteau. Franchir à gauche les deux ponts sur la Drôme et remonter en face.

6 Au T, prendre le chemin à gauche et poursuivre par la route en face.

7 Négliger le chemin creux à droite et continuer par la route. Aux maisons, emprunter le chemin des Iles à gauche sur 280 m, puis descendre par le sentier à droite [👁 > tables de pique-nique]. Il vire à droite le long du fossé de Brunville avant de le franchir et de monter.

8 Prendre la route à droite et, aux maisons, la route à gauche. Bifurquer à droite chemin (route) de Brunville et, après la maison, s'engager sur le chemin creux du Mai à droite. Il serpente et ramène à la route de l'aller.

7 Emprunter la route à gauche et continuer en face par le chemin.

6 Tout droit, traverser le Haut-de-Brunville et poursuivre en face. Le chemin vire à gauche. 50 m plus loin, tourner à droite.

9 Suivre la route à droite [👁 > à l'arrière, à droite, vue sur le manoir de Pézerolles]. Elle vire à gauche, devient un chemin creux qui descend vers la vallée de la Drôme puis tourne à gauche pour la longer et devient rue du Moulin-d'Agy.

2 Monter par la rue Saint-Martin à gauche et retrouver le parking.

42

3 2 2

3h30
11,9km

S SITUATION
Subles, à 6 km au sud-ouest de Bayeux par la D 572 et D 572a

P PARKING
rue Saint Martin (D 572a), côté opposé à la mairie

/ DÉNIVELÉE
altitude mini et maxi, dénivelée cumulée à la montée

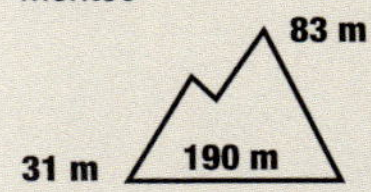

B BALISAGE
jaune

À DÉCOUVRIR...

> En chemin
- Subles : église XIVe, four à chaux XIXe
- Ranchy : église XIIIe
- manoir de Pézerolles XVIIe
- vallée de la Drôme

> Dans la région
- Bayeux : maisons et hôtels anciens, cathédrale et tapisserie célèbre
- Balleroy : château XVIIe ; musée des ballons
- Le Molay-Littry : musée de la Mine, moulin de Marcy

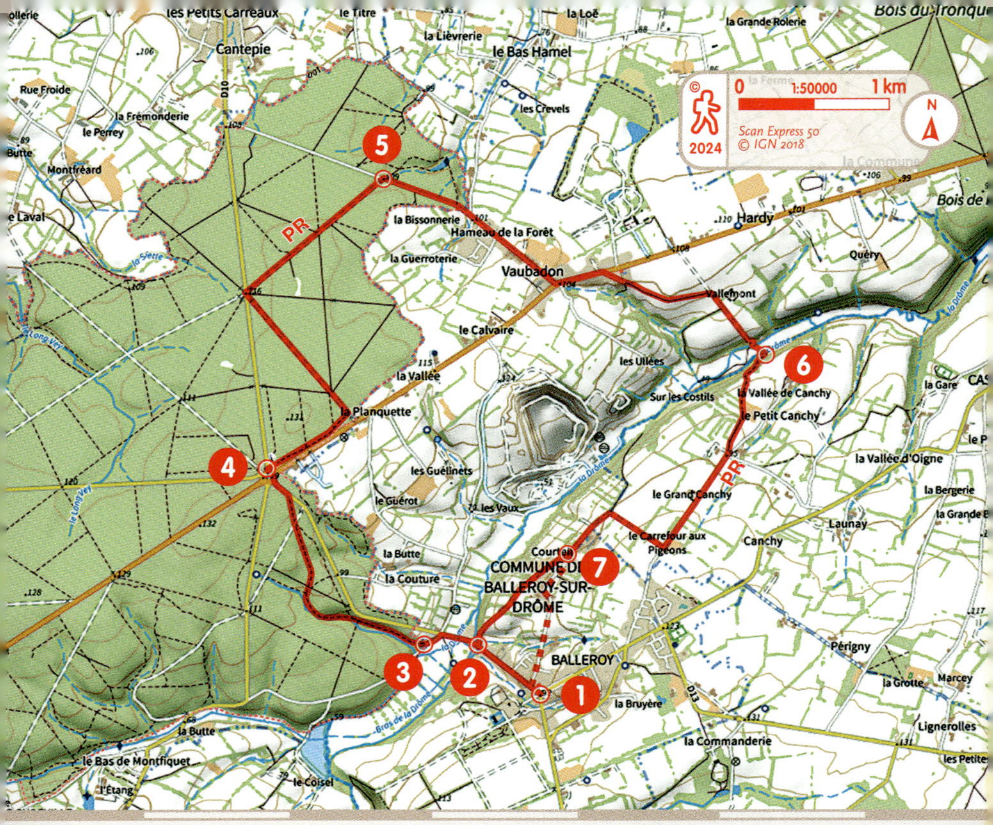

PATRIMOINE

Le château de Balleroy et la forêt de Cerisy

Au bout d'une perspective, le château de Balleroy de style Louis XIII semble posé sur un plateau. François Mansart l'édifie de 1626 à 1636 pour Jean II de Choisy. Il se dresse près de la forêt domaniale de Cerisy, réserve naturelle nationale depuis 1976 en raison de la présence du carabe doré à reflet cuivré. Constituée à 75% de hêtres, cette forêt abrite cervidés, sangliers et blaireaux. Le pic noir, le hibou moyen-duc et le loriot d'Europe y nichent. On y trouve aussi le triton alpestre, le triton palmé, la grenouille et la salamandre tachetée. La maison de la Forêt à Montfiquet, située à l'Embranchement, organise des expositions et des animations sur la faune, la flore et les métiers du bois.

La Drôme / Photo G.P.

Autour de la **Drôme**

Au départ du château de Balleroy, ce circuit s'enfonce dans la vaste forêt de Cerisy où s'ébattent biches et cerfs. Vous franchirez la vallée de la Drôme sur le pont Sully, riche d'histoire.

1 Descendre par la rue des Forges (D 13).

2 Laisser à droite la rue du Moulin, franchir le pont sur la Drôme et prendre la petite route à gauche sur 20 m.

3 S'engager sur le sentier creux peu visible à droite. Il remonte un étroit vallon dans la forêt puis s'en écarte à droite en croisant une laie puis une route forestière. Longer la D 13 à gauche.et contourner le carrefour de l'Embranchement par la droite (⚠ **> prudence !**). Par la D 10 à droite, se diriger vers la Maison de la Forêt.

4 Juste avant, prendre à droite le sentier en sous-bois parallèle à la D 572, la route forestière de l'Embranchement à gauche, puis celle de la Chênesse à droite. Déboucher sur une route.

👁 > Le chemin en face mène à l'étang du Titre, à 500 m.

5 Prendre la route à droite et, à Vaubadon, la D 572 à gauche sur le trottoir de droite (⚠ **> prudence !**). Avant l'église, tourner à droite rue de Vallemont. Elle devient un chemin entre les champs. Descendre par le chemin à droite [👁 > à gauche, ferme ruinée] vers la vallée de la Drôme.

6 Franchir le pont de Sully et remonter par le raide sentier à droite avant de parcourir le plateau. En haut, rejoindre le carrefour à gauche et prendre la route à droite. Dépasser le Grand-Canchy. Au carrefour aux Pigeons, tourner à droite sur le chemin caillouteux. Il descend en pente douce puis,vire à gauche [👁 > vue sur la carrière de granulats]. Négliger le chemin à droite, dépasser les bâtiments agricoles et parvenir à une fourche.

> Variante : la route de gauche ramène directement à Balleroy.

7 Bifurquer à droite rue du Moulin. Elle descend au bord d'un bras de la Drôme près d'un ancien moulin.

2 Remonter à gauche par la rue des Forges jusqu'à la place du Marché.

HIBOU MOYEN-DUC / DESSIN P.R.

3h40
12,7km

S SITUATION
Balleroy, à 18 km au sud-ouest de Bayeux par les D 572 et D 73

P PARKING
place du Marché (carrefour des D 73, D 13 et D 28), mairie

/ DÉNIVELÉE
altitude mini et maxi, dénivelée cumulée à la montée

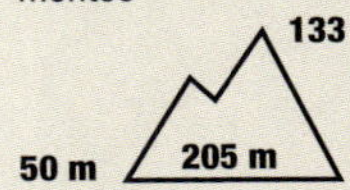

B BALISAGE
jaune

À DÉCOUVRIR...

> En chemin
- Balleroy : château XVIIe (musée des Ballons) ouvert à la visite, église XVIIe
- Forêt domaniale de Cerisy et maison de la Forêt
- Vaubadon : château et église XVIIIe
- Pont de Sully (sur lequel passa Louis XVI avant l'inauguration du port de Cherbourg en 1786)

> Dans la région
- Le Molay-Littry : musée de la Mine, musée de la Meunerie (au moulin de Marcy)
- Caumont-l'Éventé : Souterroscope des Ardoisières

HISTOIRE

Omaha la Sanglante

Omaha Beach, plage du Débarquement / Photo Calvados Attractivité

Omaha Beach est le nom de code désignant l'une des cinq plages du Débarquement allié du 6 juin 1944. Confiée aux troupes américaines, la zone s'étend sur 8 km depuis Sainte-Honorine-des-Pertes jusqu'à Vierville-sur-Mer. Les Alliés y perdent presque 1 000 hommes et 2 000 autres y sont blessés, ce qui lui vaut le surnom de « bloody Omaha ».

S'élevant au-dessus de la mer, le cimetière militaire de Colleville, inauguré en 1956, est édifié au cœur d'un espace de 70 ha concédé par la France aux États-Unis. 9 387 combattants y sont inhumés dont 307 inconnus principalement décédés le jour du Débarquement ou dans les semaines suivantes. C'est le plus grand et le plus émouvant des cimetières du Débarquement.

Omaha Beach

Les terribles affrontements du 6 juin 1944 dont cette plage fut le théâtre lui valurent le surnom d'« Omaha la Sanglante ». N'oubliez pas de visiter le cimetière militaire américain de Colleville.

1 Gagner l'extrémité du parking et partir par la vélo-route.

2 Au bout, monter par le chemin à gauche sur 100 m.

3 S'engager à gauche sur le chemin à angle aigu. À l'orée du bois, gravir le chemin à droite, l'escalier et poursuivre à flanc de coteau sur 800 m. Monter par le sentier à droite. Il devient un large chemin.

4 Suivre la route à droite et tourner à gauche vers Cabourg. Juste après le centre UNCMT, s'engager à droite sur le chemin de terre. Il descend une vallée sèche et débouche dans la vallée des Moulins.

> À gauche, le chemin conduit au lavoir, à la maison des lavandières, à la fontaine Saint-Clair et à l'église de Colleville-sur-Mer.

5 Prendre le chemin à droite et retrouver l'intersection de l'aller.

3 Continuer jusqu'à la vélo-route.

> Variante (boucle de 4,5 km) : regagner le parking à droite.

2 Descendre, couper la route et monter dans le bois en face. Passer le parking et prendre la route à gauche en longeant le grillage du côté droit. Traverser le rond-point de l'entrée du cimetière, faire quelques mètres à droite et suivre à gauche, puis à droite, le grillage. Continuer par le chemin en sous-bois, descendre (**⚠ > prudence !**), franchir deux rus, aller tout droit puis remonter en bordure du plateau.

6 Prendre le deuxième chemin à droite. Monter par la route à gauche sur 100 m. À la stèle, tourner à droite, passer derrière le panneau de l'aérodrome A 21c et après 80 m, suivre le chemin à gauche vers la mer [👁 > vues sur Port-en-Bessin et les pontons d'Arromanches vers l'est]. Descendre la pente raide à droite, puis traverser le parking du Ruquet [👁 > blockhaus] en diagonale vers la mer.

7 Suivre à droite le sentier du littoral, en arrière de la dune, sur 750 m.

8 En contrebas du cimetière américain, gravir à droite le chemin aménagé. À mi-pente, tourner à gauche, dépasser la table Mulberry, monter jusqu'aux blockhaus, puis redescendre par un des chemins ramenant au parking.

MOUETTE RIEUSE / DESSIN P.R.

2h30
9km

S SITUATION
Colleville-sur-Mer, à 17 km au nord-ouest de Bayeux par les N 13, D 208 et D 514

P PARKING
plage

DÉNIVELÉE
altitude mini et maxi, dénivelée cumulée à la montée

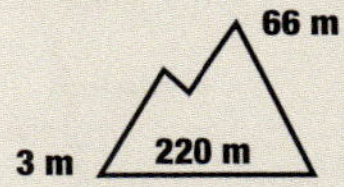

B BALISAGE
jaune

! DIFFICULTÉ !
- circuit à ne pas entreprendre lors des grandes marées (sentier du littoral)
- descentes raides avant **6** et **7** (bâtons de marche utiles)

À DÉCOUVRIR...

> En chemin
- Colleville : lavoir, maison des lavandières et fontaine Saint-Clair
- cimetière américain (9 386 tombes)
- site de l'aérodrome A 21C
- site du blockhaus au Ruquet
- roselière et végétation de terrain sableux

> Dans la région
- Colleville : musée
- Saint-Laurent-sur-mer : musée Omaha
- La Cambe : cimetière allemand • Grandcamp-Maisy : port, musée
- site de la pointe du Hoc
- Port-en-Bessin-Huppain : port, tour Vauban

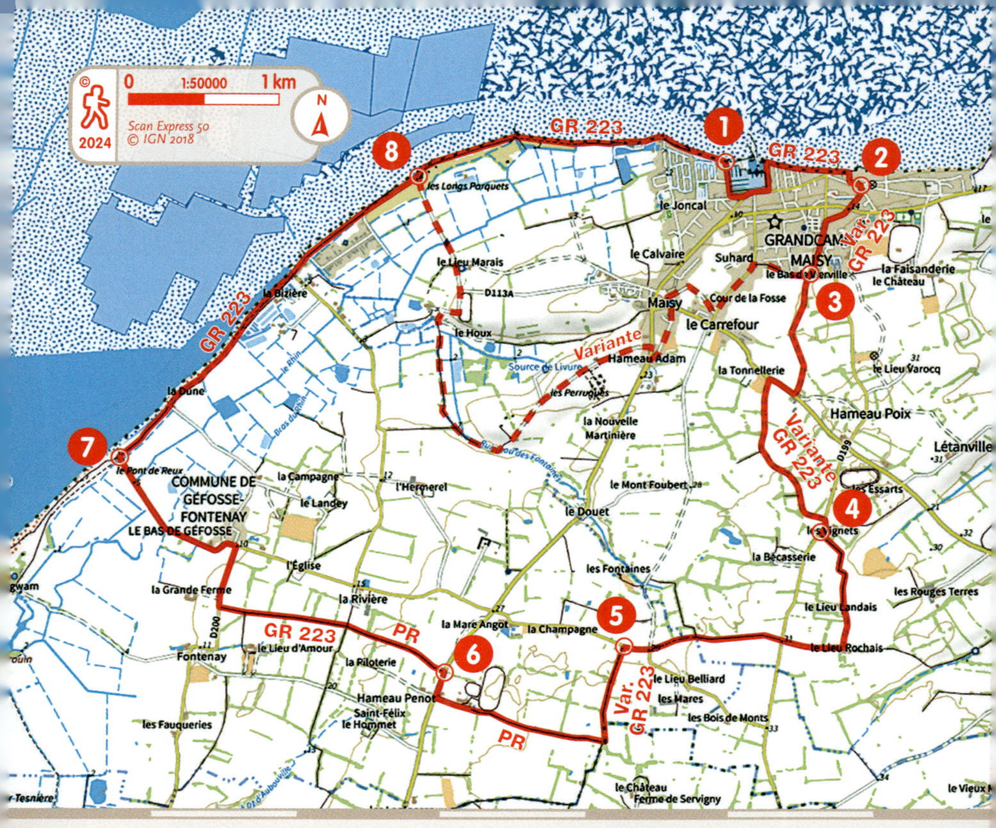

ÉCONOMIE

LA COQUILLE SAINT-JACQUES

Les activités de Grandcamp-Maisy sont basées sur le tourisme et la pêche. 45 bateaux ramènent toutes sortes de poissons mais la bourgade est avant tout le premier port du Bessin pour la pêche de la coquille Saint-Jacques, appelée localement la gofiche. Il en est pêché chaque année entre 1 000 et 1 400 tonnes ! La coquille de la baie de Seine est belle, charnue et a un bon rapport poids coquille - noix. D'une taille minimum de 11 cm, elle frôle le plus souvent les 14 cm voire plus. Son corail est généreux et sa noix blanche se caramélise légèrement à la cuisson. Elle est honorée à la Fête de la coquille le premier week-end de décembre suivant l'ouverture de la pêche en Baie de Seine.

COQUILLES SAINT-JACQUES / PHOTO J.-F.S.

Sur les **bords** des **Veys**

Situé à l'entrée de la baie des Veys, deuxième port de pêche du Calvados, port de plaisance et station balnéaire, Grandcamp-Maisy se partage entre les activités maritimes, agricoles et touristiques.

1 Du port de plaisance, contourner le bassin et longer le quai Henri Crampon Jusqu'au poste de secours.Traverser le jardin public à droite puis aller à gauche.

2 À la sortie, tourner à gauche et deux fois à droite, dans la rue du Fresne puis rue du Doigaux. Passer sous la D 514, prendre à gauche la D 199 sur 200 m et obliquer à droite par le chemin.

> Variante port de la coquille (boucle de 10 km)

3 Au croisement des 4 chemins, aller tout droit et atteindre la D 113. La prendre à droite **(⚠ > prudence !)** et bifurquer par le chemin à gauche avant le manoir de la Tonnellerie [👁 > XVIIe siècle]. Gagner la D 199, la suivre à droite et passer les Vignets.

4 Tourner sur le chemin à gauche, puis à droite au lieu Rochais. Traverser la D 199 et continuer sur le chemin en face menant à la D 199a. La suivre à droite.

5 Prendre le premier chemin à gauche et à l'embranchement tourner à droite, vers le Hameau Penot et la D 514. Traverser la route **(⚠ > prudence !)** et la longer à droite.

6 Tourner à gauche dans le chemin et le suivre tout droit [👁 > vue sur les fermes de la Rivière, du Lieu Amour et sur l'église de Géfosse-Fontenay] jusqu'à la D 200. La prendre à droite et, au carrefour du Bas de Géfosse, bifurquer à gauche.
Traverser les marais et gagner la dune pour découvrir la baie des Veys.

7 Partir à droite, passer entre le blockhaus et les cabanes puis longer la plage. Dépasser la base conchylicole. Longer la plage de Géfosse-Fontenay [👁 > où niche le gravelot à collier interrompu].

8 Continuer le long de la côte jusqu'au port de Grandcamp-Maisy.

LE PORT DE GRANDCAMP-MAISY / PHOTO F.D.

45

5h45
17,2km

S SITUATION
Grandcamp-Maisy, à 32 km à l'ouest de Bayeux par les N 13-E46, D 113 et D 199

P PARKING
port de plaisance

DÉNIVELÉE
altitude mini et maxi, dénivelée cumulée à la montée

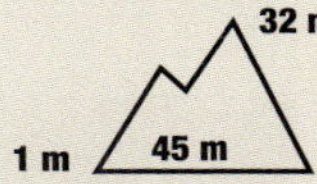

B BALISAGE
jaune

À DÉCOUVRIR...

> En chemin
- Grandcamp : port de pêche et de plaisance, église de Maisy 1954-1959, blockhaus, vestiges du château de Du Guesclin
- Géfosse-Fontenay : château de Géfosse XVIIIe, manoir fortifié de l'Hermerel XVe et XVIIIe

> Dans la région
- Isigny : port, église XIIIe-XIVe remaniée XIXe, monument 1944, centre laitier
- Bayeux : maisons et Hôtels anciens, cathédrale, Tapisserie
- Forêt domaniale de Cerisy
- Le Molay-Littry : musée de la Mine, moulin de Marcy

SPORTS ET LOISIRS
LE CALVADOS, TERRE DU CHEVAL

Les Jeux Équestres Mondiaux 2014 se sont déroulés en Basse-Normandie, réunissant plus de 1 000 compétiteurs et autant de chevaux devant plus de 400 000 spectateurs.
Le Calvados compte huit hippodromes, le prestigieux Deauville (avec son Grand Prix le dernier dimanche d'août), mais aussi Dozulé, Caen et Cabourg. Deauville, qui dispose d'un aéroport spécialisé dans le transport des chevaux est un centre mondial de la vente des yearlings, chevaux d'un an destinés à la course. Goustranville héberge un centre vétérinaire mondialement reconnu pour l'étude des affections locomotrices équines.
Le département abrite plus de 2 250 éleveurs principalement de trotteurs et de pur-sang, 90 clubs hippiques et 17 centres de tourisme équestre. La filière équine emploie près de 4 500 personnes.

JEUX ÉQUESTRES MONDIAUX 2014
À CAEN / PHOTO D.G.

FAUNE ET FLORE
JONQUILLES ET NARCISSE

Jonquille désigne en français plusieurs plantes du genre Narcissus.
Narcisse, un des plus beaux hommes de Grèce, ne devait jamais regarder son image. Echo, nymphe des sources, condamnée à ne pouvoir dire que la fin de ses phrases, tombe amoureuse de Narcisse. Repoussée par le fier éphèbe, l'amoureuse déçue demande à la déesse de la vengeance de le punir.
Celle-ci fait en sorte qu'il voie son reflet dans l'eau claire d'une source et en tombe amoureux. Il reste figé, face à l'eau contemplant son image. Echo, désespérée, se jette du haut d'une montagne : de là vient le mot écho. Narcisse meurt de cette passion. Le narcisse doit son nom à sa beauté et à l'inclinaison de ses fleurs vers l'eau.

JONQUILLES AU BORD DU CRESME / PHOTO D.G.

ENVIRONNEMENT

La vallée de l'Orne

Le fleuve prend sa source à Aunou, dans le département de l'Orne, à 190 m d'altitude. Il arrose Sées et Argentan. Le barrage de Rabodanges permet de régulariser le débit du fleuve qui entre dans le Calvados à Pont-d'Ouilly. De Putanges à Thury-Harcourt-Le Hom, la vallée offre d'agréables paysages : c'est la Suisse Normande, appellation purement touristique de cette partie du Bocage normand. Un ministre du Tourisme, M. Gourdeau, de passage en Normandie en 1932, aurait fait cette comparaison.

Entre Pont-d'Ouilly et la forêt de Grimbosq, l'Orne a creusé son lit dans des roches dures, schistes et grès, qui sont à l'origine des rives escarpées.

Les parois rocheuses de Clécy, du Vey et de Saint-Rémy sont impressionnantes : Rochers des Parcs, Rochers de la Houle (deux sites d'envol des parapentes), Pain de Sucre culminant à 171 m au dessus du fleuve.

Près de Thury-Harcourt-Le Hom, le méandre de la boucle du Hom est spectaculaire. Une route, aux parois abruptes, ouverte dans la barre rocheuse du méandre, permet de relier les villages au nord et au sud de Thury.

Sources de l'Orne à Aunou sur-Orne / Photo D.G.

L'Orne traverse la capitale normande, les bassins portuaires illustrent l'activité d'un port de ville. De Caen à la mer, l'Orne est doublée d'un canal de 15 km, inauguré en 1857. Des ports spécialisés sont installés le long du canal et le trafic transmanche est concentré dans l'avant-port de Ouistreham. Après 170 km de cours, le fleuve rejoint ici la Manche par un estuaire de très grande richesse écologique : la baie de Sallenelles.

Vallée de l'orne à Croisilles / Photo F.G.

LES SENTIERS DE GRANDE RANDONNÉE
DANS LA RÉGION

GR®

Sentiers de Grande randonnée®

Réalisation

✓ Ce topo-guide a été réalisé par le comité FFRandonnée du Calvados présidé par Nicole Bouet.

✓ La description des itinéraires a été réalisée par Christian Duplessis, Denise Gosselin et Gilles Pivard. Les textes thématiques ont été écrits par Christian Duplessis, Denise Gosselin, Michel Hourquet, Gilles Pivard et Jean-François Séhier. Françoise Duplessis a assuré la coordination éditoriale et numérique.

✓ La conception d'ensemble du topo-guide a mobilisé de nombreux partenaires : le comité FFRandonnée du Calvados, la commission sentiers-itinéraires (présidée par Denise Gosselin jusqu'en mars 2023, puis par Christian Duplessis) et la salariée Adeline Rault ; la FFRandonnée ; les communautés de communes (Bayeux Intercom, Cingal-Suisse Normande, De la Vire au Noireau, Isigny Omaha Intercom, Pays de Falaise, Pays de Honfleur-Beuzeville, Normandie Cabourg Pays d'Auge, Pré-Bocage Intercom, Seulles Terre et Mer, Terre d'Auge, Val ès Dunes, Vallées de l'Orne et de l'Odon), la communauté d'agglomération Lisieux Normandie, la communauté urbaine Caen la Mer, Calvados Attractivité et les offices de tourisme correspondant à ces territoires.

✓ La conception du projet et la coordination sur le terrain des itinéraires ont été assurées par le comité FFRandonnée du Calvados.

✓ Le balisage et l'entretien des itinéraires PR sont assurés par les communes ou les communautés de communes. Le balisage des itinéraires GR® et GR® de Pays est réalisé par le comité FFRandonnée du Calvados et son réseau de bénévoles.

✓ Nous remercions toutes les personnes qui ont aidé à la réalisation de ce topo-guide : les bénévoles du comité FFRandonnée du Calvados et Calvados Attractivité.

✓ Les photographies ont été réalisées par Françoise Duplessis (F.D.), Christian Duplessis (C.D.), Denise Gosselin (D.G.), François Gosselin (F.G.), Michel Hourquet (M.H.), Gilles Pivard (G.P.), Jean-François Séhier (J.-F.S.), Calvados Attractivité, Val d'Aure 14240 Livry, MA@Batterie de Merville (page 46), collections paticulières (page 58).

✓ Les illustrations de faune et de flore sont de Pascal Robin (P.R.) exceptée celle de la page 45 qui est de Gilles Pivard (G.P.).

✓ Responsable de production éditoriale : Isabelle Lethiec. Développement et suivi collectivités territoriales : Patrice Souc, Jean-Marc Brancart. Secrétariat d'édition : Séverine Chesseboeuf, Marie Fourmaux, Émilie Guillier, Caroline Lecointe, Aurélie Gilfrich. Cartographie et couverture : Olivier Cariot, Frédéric Luc. Mise en page et suivi de fabrication : Jérome Bazin, Manon Hang-law. Correction technique : Marie-France Helaers Lecture et corrections : Christian Mathieu, Michèle Rumeau, Philippe Lambert, Christine Pousse, Éric Chesney et Pierre-Louis Durand. Création maquette et design couverture : Media Sarbacane.

Ce topo-guide a été financé par le Conseil départemental du Calvados, la communauté de communes Val ès Dunes, le comité FFRandonnée du Calvados et la FFRandonnée.

FFRandonnée
CLUB DE RANDO
FRANCHISSEZ LE PAS !
RANDO PÉDESTRE
LONGE CÔTE - MARCHE AQUATIQUE
MARCHE ENDURANCE
MARCHE NORDIQUE
RANDO CHALLENGE
RANDO SANTÉ
RAQUETTE À NEIGE
RANDO ITINÉRANTE
3 500 CLUBS PARTOUT EN FRANCE • 10 000 ANIMATEURS
TROUVEZ VOTRE CLUB
WWW.FFRANDONNEE.FR
Terres d'Aventure
AGENCE NATIONALE DU SPORT
ALLIBERT TREKKING
Groupama
comquest FFR701 - Crédits photos : © iStockphoto